GOTTESDIENST PRAXIS SERIE B

Arbeitshilfen für die Gestaltung von Gottesdiensten zu Kasualien, Feiertagen, besonderen Anlässen und Arbeitsbücher für die Gemeindepraxis

Herausgegeben von Erhard Domay

Gütersloher Verlagshaus

ABENDMAHL

Gottesdienste · Predigten · Anregungen · Beispiele
Liturgische Texte

Herausgegeben von Erhard Domay

Mit einer pastoralsoziologischen Einführung von Karl-Fritz Daiber

Gütersloher Verlagshaus

Die Deutsche Bibliothek – CIP-Einheitsaufnahme

Gottesdienstpraxis. – Gütersloh : Gütersloher Verl.-Haus.

Ser. B, Arbeitshilfen für die Gestaltung von Gottesdiensten zu
Kasualien, Feiertagen, besonderen Anlässen und
Arbeitsbücher für die Gemeindepraxis / hrsg. von
Erhard Domay.

Abendmahl – Gottesdienste, Predigten, Anregungen, Beispiele,
Liturgische Texte / hrsg. von Erhard Domay. mit einer
pastoralsoziologischen Einf. von Karl-Fritz Daiber. – 1998
ISBN 3-579-02988-6

ISBN 3-579-02988-6
© Gütersloher Verlagshaus, Gütersloh 1998

Satz: Fotosetzerei Steggemann, Herford
Druck und Bindung: Ebner Ulm
Umschlagentwurf: Franz Wöllzenmüller, Oberhaching
Titelfoto: © Renate Hofmann, Bonn
Gedruckt auf chlorfrei gebleichtem Werkdruckpapier

Printed in Germany

Inhalt

Liturgische Texte

Pastoralsoziologische Einführung

Abendmahl zwischen Sitte und Erlebnis *Karl-Fritz Daiber*

Erinnerungen

Erinnerungen haben es so an sich. Sie sind für den Erinnernden bedeutsam. Es handelt sich um Erfahrungen, die nicht vergessen wurden, auch nicht verdrängt. Sie sind nicht immer gleich präsent, aber wenn das Stichwort fällt, tauchen sie nach und nach höchst gegenwärtig und lebendig auf. Erinnerungen eines Fremden wecken eigene Erinnerungen, bestätigende oder ganz anders geartete. Erinnerungen sind subjektiv, darin oft gerade faszinierend. Sozialwissenschaftlich gesehen sind sie bedeutsam, wenn sie Typisches ansprechen, Sachverhalte, die zwar als solche einzigartig sind, aber das Einmalige zugleich überschreiten, Allgemeingültiges andeuten. Trotzdem bleiben sie subjektiv, sind an eine einzelne Lebensgeschichte gebunden. Man muß sich von ihnen auch absetzen können: Ich erlebe dies ganz anders. Ich habe es ganz anders in Erinnerung. Unter solchen Vorbehalten nähere ich mich meinen Erinnerungen zum Abendmahl. Dabei stelle ich mit Überraschung fest, daß sich dieses Thema in lebendigen Szenen durch mein Leben hindurchzieht.

Ich sehe mich in der Kirche meiner Heimatstadt auf der Schwäbischen Alb: Gottesdienst mit anschließendem Abendmahl. So war es damals. Zunächst glaubte ich, es habe sich um das Konfirmandenabendmahl gehandelt. Beim Nachdenken stelle ich fest, daß es vermutlich doch etwas später gewesen sein muß. Ich meinte bei diesem Abendmahl die Nähe Gottes gespürt zu haben, das Gefühl einer inneren Befreiung, etwas, was verändert, etwas, was die heiligen Worte: »Dies ist mein Leib, dies ist mein Blut« zur fühlbaren Realität hat werden lassen. Danach hatte ich mich gesehnt. Ich meinte, dies müßte so sein, wenn der leibhaftige Christus für mich gegenwärtig wird. So war es doch gelehrt worden. So hatte ich es zu glauben versucht. Mit dem Verstande konnte ich es nachvollziehen. Aber emotional blieb alles beim alten. Bis auf dieses eine Mal. Bald stellten sich aber auch Zweifel ein: Hatte ich das Gefühl nicht doch selbst erzeugt? Herbeigezwungen? Je weiter diese Erfahrung zurücklag, desto kritischer wurde ich. Vermutlich mit Recht. Und doch ist sie ein nicht unwichtiger Teil meines Lebens geblieben. Glücklicherweise hat die Feier des Abendmahls das zwanghaft Heilige heute weitgehend verloren. Oder nur für die Insider? Bleibt es möglicherweise für viele Menschen fremd, weil die geistlichen Erwartungen so übersteigert sind, daß sie von der Wirklichkeit des Erlebens nicht eingeholt werden können? Sind Rituale überhaupt dazu angelegt, grundlegende religiöse Erfahrungen zu machen? Natürlich kann das Wunder einer lebensverändernden Gotteserfahrung Ereignis werden, vermutlich nicht häufiger hier als auch andernorts. Ob sich die Katholiken leichter tun, auch die Orthodoxen? Lutheraner und Reformierte, sofern sie nicht pietistisch geprägt sind?

Meine zweite Abendmahlserinnerung gehört in meine Gemeindepfarrerzeit im Hohenlohischen, dort wo zum Teil auch seit dem 16. Jahrhundert die brandenburg-ansbachische Kirchenordnung das kirchliche Leben bestimmt hatte. Dort lernte ich, daß ein Christ entgegen meinen altwürttembergischen Vorstellungen nicht nur einmal, sondern zweimal im Jahr zum Abendmahl zu gehen habe. Der Abendmahlsgang war durch die Sitte fest geregelt. Verheiratete und Unverheiratete gingen je nach besonderen Sonntagen in der Advents- und Passionszeit. Die unverheirateten Frauen gingen als letzte, für sie war der Pfingstmontag Tag des Abendmahlsgangs. Hier erlebte ich auch, daß man sich zum Abendmahl anmelden mußte. Ganz so feierlich wie früher war es nicht mehr, aber immerhin wurden die Kommunikanten in ein Abendmahlsbuch eingetragen. Versäumnisse konnten ohne weiteres kontrolliert werden. Sie konnten es, wurden es damals aber nicht mehr. Für die einzelnen war der Abendmahlsgang nicht Gegenstand freier Entscheidung. Sitte und Herkommen nahmen diese ab. Das Abendmahl blieb eine ernsthafte Angelegenheit, aber es war gefühlslagenunabhängig, nicht an religiöse Bedürfnisse gebunden. Da stand in der Schrift: »Das tut zu meinem Gedächtnis«, dies hatte zu gelten.

Es ist auffällig, wie stark im Protestantismus die Teilnahme am Abendmahl regelungsbedürftig war. Noch in die Gegenwart hinein läßt sich dies an »Lebensordnungen« ablesen. Verwunderlich ist dies nicht. Der Protestantismus war eine Predigtkonfession. Die Sakramente, insbesondere das Abendmahl, blieben sekundär. Vielleicht hing dies auch damit zusammen, daß das Abendmahl als besonders heiliges Geschehen gelehrt wurde: Ja nicht sich selbst zum Gericht essen! Ordnung durch die Sitte war auch in diesem Zusammenhang hilfreich. Übrigens, ich habe die Ordnung in meiner Gemeinde als positiv erlebt. Die Entscheidung: Gehe ich oder gehe ich nicht, stellte sich in der Regel gar nicht. Solange die Ordnung nicht als Traditionszwang erlebt wurde, war der einzelne in der Gemeinschaft aufgehoben. Man kann sehr wohl fragen, ob die Praxis der Rituale nicht solche Ordnung braucht, ob sich nicht nur auf diese Weise eine internalisierte Praxis eröffnet, in der innerliche Teilnahme entsteht.

Gedanken, wie die eben geäußerten habe ich auch meinen damaligen hohenlohischen Konfirmanden nahezubringen versucht. Ich habe für die Beibehaltung der Sitte geworben, etwa mit dem Argument:»Wenn ihr zum Abendmahl geht, könnt ihr damit rechnen, daß andere aus der Altersgruppe auch da sind. Ihr seid nicht vereinzelt, sondern Teil einer Gemeinschaft.« Im allgemeinen haben sie geduldig meine Lehren angehört, bis auf eine Konfirmadin, an die ich mich lebhaft erinnere, Christel hieß sie. Sie hat sich gemeldet, hat keine Frage gestellt, nur für sich selbst eine Antwort gegeben: »Wenn ich das Bedürfnis zum Abendmahl zu gehen nicht habe, gehe ich nicht.« Später fragte sie: »Was soll ich denn tun, wenn ich gerne am 1. Advent zum Abendmahl ginge, meine Altersgruppe an diesem Sonntag aber nicht dran ist?« Meine Antwort habe ich vergessen, nur die Feststellung und die Frage der Christel habe ich als wirkliche Anfrage nicht aus dem Sinn verloren, dies, weil beide höchst modernes Bewußtsein verkörpern: Religiöses Verhalten wird von individuellen Bewußtseinslagen abhängig. Dies bedeutet eine gesteigerte Ernsthaftigkeit, etwa im Blick auf den Umgang mit dem Abendmahl, nur: Kann das Bedürfnis entstehen, wenn der Umgang mit dem Ritual fremd ist? Möglicherweise gibt es Menschen, die gerne zum Abendmahl gingen, im entscheidenden Augenblick aber den Entschluß nicht fassen können, weil die Handlung ihnen fremd ist.

Es mag fast zehn Jahre später gewesen sein, in Hannover. Meine jüngste Tochter besuchte den Konfirmandenunterricht. Im Rahmen des Unterrichts fand auch eine Freizeit für die Konfirmandinnen und Konfirmanden statt. Erschöpft kam sie nach Hause zurück. Ich frage sie: »Wie war es denn?« Antwort: »Es war einfach toll.« Und spontan fügt sie hinzu: »Und das Tollste war das Abendmahl.« Altpastoral erstaunt frage ich: »Ihr habt Abendmahl gefeiert, ihr seid doch noch gar nicht konfirmiert?« Sie kann meine Anfrage nicht begreifen. So antwortet sie nur noch einmal: »Toll war es, weißt du, spät am Abend war es. Nur die Kerzen haben gebrannt.« Viel mehr habe ich nicht mehr erfahren. Ich glaube schon, es war ein »richtiges« Abendmahl. Die Stimmung muß großartig gewesen sein. Hat man damals wohl auch schon gesagt: Dieses Abendmahl war ein Erlebnis? Während ich dies niederschreibe, denke ich, du solltest sie einmal anrufen: »Erinnerst du dich noch an deine Konfirmandenzeit? Was war damals das Schönste?« Ich möchte fast vermuten, daß sie sich an das Erlebnis des Freizeitabendmahls erinnert. Meines Wissen ist sie trotzdem keine regelmäßige Teilnehmerin am Abendmahl geworden. Doch wer weiß, ob nicht ein einziges Abendmahl, das das Herz berührt, unser Leben mitprägen kann. Darum kein Wort gegen das Erlebnis-Abendmahl. Im Gegenteil.

Meine eigenen Abendmahlserfahrungen sind in hohem Maße vom Gemeinschaftsdenken her geprägt. Über diesen hat sich mir persönlich das Abendmahl am stärksten erschlossen, wobei Gemeinschaft die symbolische Gemeinschaft mit Gott meint, darin zugleich die Gemeinschaft mit denen, die miteinander das Abendmahl feiern. Ich habe Kirchentagsabendmahle erlebt, getragen von der enthusiastischen Gemeinschaft im großen Stadionrund. Wichtige Erfahrungen waren diese Abendmahle nicht. Ich erlebte hier auch den Konformitätsdruck der großen Gemeinschaft. Man kann aus den Konventionen der Sitte nicht aussteigen, man verliert aber auch die Kraft, für sich selbst das individuell Richtige zu tun, wenn das Stimmungsplenum der Begeisterten einen umfängt. Doch ist dies wahrscheinlich viel zu individualistisch gedacht.

Eine enttäuschend negative Erfahrung ist mir auch in Erinnerung geblieben, dies beim Württembergischen Pfarrertag 1995. Diejenigen, die ein

Jubiläum ihrer ersten Dienstprüfung begehen konnten, waren besonders eingeladen. Der Festgottesdienst war ein Gottesdienst mit Abendmahl. Um der großen Zahl der Teilnehmenden gerecht zu werden, hatte man auf die Austeilung der Gaben in Gruppen verzichtet. Dafür fand ein großes Defilee statt. Bankreihenweise traten wir den Marsch nach vorne an, eines hinter dem anderen. So empfingen wir zunächst das Brot und dann Wein oder Traubensaft in Einzelkelchen, eines hinter dem anderen. Es gibt offenbar einen Fachausdruck für dieses Verfahren der Austeilung. Er wurde auch angewandt. Ich habe ihn vergessen. Was mir zurückgeblieben ist, ist das Gefühl einer großen Isolation, Abspeisung im Vorbeimarsch. Hat der theologische Gedanke der Sündenvergebung für den einzelnen zu dieser Form der Austeilung geführt? Mein subjektives Abendmahlsverständnis mag meine Enttäuschung mit verursacht haben. Ich gehe allerdings davon aus, daß ein Abendmahl, das dem Gemeinschaftsdenken keinen Raum gibt, nicht in der richtigen Weise gefeiert wird.

Über viele Jahre hinweg habe ich in meiner Wohnortsgemeinde in Hannover am Heiligabend den 23-Uhr-Gottesdienst gehalten. Es war ein Gottesdienst mit Abendmahl. So hatte ich ihn übernommen. Oft habe ich mich gefragt: Muß denn gerade mit diesem Gottesdienst eine Abendmahlsfeier verbunden sein? Ich habe die einfachste liturgische Form gewählt, allerdings ein Eucharistiegebet gesprochen. Jedenfalls wurden diese Abendmahle für mich zum Erlebnis, weil so unterschiedliche Menschen daran teilnahmen, Menschen, die ich kannte, junge und alte, arme und reiche, gemeindenahe und höchst gelegentliche Kirchgänger. Und wir unterschiedlichen Leute aßen von einem Brot und tranken aus dem einen Kelch. Wenn es das Abendmahl nicht geben würde, wäre solches gemeinsames Tun nicht möglich. Sage niemand, dies sei *nur* eine symbolische Gemeinschaft. Es ist zwar nur eine symbolische Gemeinschaft; ich halte sie trotzdem für lebensbedeutsam.

Beim Abendmahl 1996 ist mir folgendes passiert. Wir teilen in einem großen Kreis zu zweit aus. Der letzte in meinem Halbrund ist ein großer Mann um die vierzig. Ich kenne ihn nicht. Ich stelle mich an seine Seite und esse neben ihm das Brot und trinke neben ihm aus dem Kelch. Das ist ja nun gar nichts Besonderes. Nach dem Gottesdienst, die Kirche ist schon fast leer, kommt er zurück, geht auf mich zu und wünscht mir ein gutes Weihnachtsfest. Einen Augenblick später ist er verschwunden. Er hat wohl meine Geste der Gemeinschaft verstanden und auf seine Weise unübertrefflich erwidert, auch symbolisch und seine Anonymität wahrend.

Analysen

Es ist auffällig, daß in der empirischen kirchensoziologischen Forschung die Abendmahlsbeteiligung und die Einstellungen zum Abendmahl kaum eine Rolle spielen. Dies mag damit zusammenhängen, daß im Rahmen von repräsentativ angelegten Untersuchungen mit unbedeutend kleinen Zahlen gerechnet wird, jedenfalls mit Zahlen, die diejenigen der ganz regelmäßigen Kirchgänger noch unterschreiten. Die neueste EKD-Untersuchung (Fremde Heimat Kirche) kann jedenfalls keine Hinweise auf die Abendmahlsfrömmigkeit geben. So muß man schon auf die Repräsentativuntersuchung unter den VELKD-Protestanten aus den frühen siebziger Jahren zurückgreifen, um einige Hinweise zu erhalten. Da religiöses Verhalten sich nur relativ langsam verändert, kann angenommen werde, daß ein Teil der Aussagen tendenziell auch heute zutrifft.

Die damalige Erhebung fragte zunächst nach der Abendmahlsbeteiligung. 68% der Befragten gaben an, nie zum Abendmahl zu gehen bzw. in den letzten 12 Monaten nicht teilgenommen zu haben (G, Schmidtchen, Gottesdienst in einer rationalen Welt, Stuttgart1973, 122–126, 232–235). 4% beteiligten sich jährlich viermal und öfter, 10% zwei- bis dreimal jährlich und 18% einmal im Jahr. Vermutlich hat sich der Kreis der Abendmahlsgäste prozentual gesehen in den letzten Jahrzehnten nicht weiter erhöht. Die Häufigkeit des Abendmahlsgangs unter den Kirchenverbundenen dürfte zugenommen haben. Zum Zeitpunkt der Untersuchung haben auch unter den ganz regelmäßigen Kirchgängern 17% angegeben, sie würden nie zum Abendmahl gehen oder hätten zumindest in den letzten 12 Monaten nicht teilgenommen. Man kann sagen, je seltener Evangelische im Gottesdienst sind, um so höher ist die Wahrscheinlichkeit, daß sie am Abendmahl nie teilnehmen. Unter denen, die angegeben haben, selten in den Gottesdienst zu gehen, haben 85% gesagt, sie würden nie zum Abendmahl gehen oder hätten zumindest im letzten Jahr nicht teilgenommen. Immerhin, dies muß man auch erwähnen, gibt es selbst unter den selteneren Kirchgängern Menschen, die gelegentlich am Abendmahl teilnehmen.

Schwierigkeiten mit dem Abendmahl des einen Kelches wegen hatten etwas über 40% der Befragten. Darunter waren diejenigen, die nie in den Gottesdienst gehen, mit der Prozentzahl des Durchschnitts vertreten, die Gottesdienstteilnehmer signalisierten dieses Problem ebenfalls sehr deutlich. Unterschiedliche Zustimmung fand die Aussage: »Das Abendmahl sagt mir gar nichts, ich empfinde nichts dabei.« 28% aller Befragten haben sie bejaht. Unter denen, die ganz regelmäßig zum Gottesdienst gehen, waren es immerhin noch 6%. Unter den Nichtkirchgängern waren es 48%. Schließlich sind zwei Aussagen bemerkenswert. Daß der gelegentliche Abendmahlsgang zu einem guten Christen dazugehöre, wird von 32% der Befragten bejaht, unter den ganz regelmäßigen Kirchgängern sind es 63%, unter den Nichtkirchgängern 7%. Auffällig ist die Zahl bei den regelmäßigen Kirchgängern. Unter Protestanten, in diesem Fall unter Lutheranern, ist der Abendmahlsgang keineswegs völlig selbstverständlich. Ganz ähnliche Werte bringt die Aussage »Beim Abendmahl werden mir meine Sünden vergeben«, über Jahrhunderte hinweg eine Art Kerndogma evangelischer Frömmigkeit. Der Aussage stimmten anfangs der siebziger Jahre ein knappes Viertel der Befragten zu, unter den ganz regelmäßigen Kirchgängern waren es 66%, unter den Nichtkirchgängern 6%. Unter den »Ab-und-zu«-Kirchgängern waren es 33% und unter den seltenen Kirchgängern 14%. Die ganz regelmäßigen Gottesdienstbesucher weichen hier besonders stark von allen anderen ab. Sie verkörpern in dieser Hinsicht nicht nur eine Minderheit der Praxis, sondern auch eine solche der Einstellung zum Abendmahl. Inzwischen hat die Gestaltung der Abendmahlsfeiern den Gedanken der Sündenvergebung zurückgedrängt. Dafür wurden theologische Gedanken ins Feld geführt. Offensichtlich spielen aber nicht nur sie allein eine Rolle, sondern die Erfahrungsmöglichkeiten der Gemeindemitglieder, auch der Pfarrerinnen und Pfarrer. Die im gemeinsamen Essen des Brotes und im gemeinsamen Trinken des Weines zum Ausdruck gebrachte Gemeinschaft scheint für viele Abendmahlsfeiern heute eine zentrale Zugangsmöglichkeit darzustellen.

Die neuesten Zahlen zur Abendmahlsbeteiligung in Deutschland finden sich in der EKD-Statistik zum kirchlichen Leben in den Jahren 1993 und 1994 (EKD, Statistischer Bericht T II 93/94, Januar 1997). Allzu ergiebig sind diese Zahlen nicht, hier wird manches zusammengetragen, was soziologisch gesehen kaum Bedeutung hat. Einiges läßt sich aber doch erkennen und ist nachdenkenswert.

In Westdeutschland betrug die Zahl der Abendmahlsgäste 1994 9,14 Millionen. Was sich hinter dieser Zahl im einzelnen verbirgt, geht aus der Statistik nicht hervor. Man weiß insbesondere nicht, wie stark die Praxis des häufigen Abendmahlsgangs von Gemeindemitgliedern die Gesamtzahl beeinflußt. Da die Statistik feststellt, daß das Abendmahl inzwischen in hohem Maß in den Hauptgottesdienst integriert ist, kann davon ausgegangen werden, daß regelmäßige Gottesdienstteilnehmer auch häufig am Abendmahl teilnehmen.

Setzt man die Zahl der Zahl der Abendmahlsgäste zur Zahl der Kirchenmitglieder in Beziehung, kommt man für die westdeutschen Kirchen 1994 auf 37%. Diese Ziffer besagt nicht viel, nur wenn man sie mit den ostdeutschen Ergebnissen vergleicht, ergibt sich eine interessante Differenz. In den ostdeutschen Kirchen entspricht die Zahl der Abendmahlsgäste 1994 55% (ohne Kirchenprovinz Sachsen, für die keine Zahlen vorliegen). Allerdings relativieren sich Ost-West-Unterschiede, wenn man einzelne Landeskirchen vergleicht. Folgende Werte habe ich errechnet: Hannover 32%, Bayern 61% (dort wird auch die höchste Zahl an Abendmahlsfeiern registriert), Württemberg 39%, Rheinland 34%, Mecklenburg 43%, Thüringen 40%, Sachsen 84% (die sächsische Kirche weist auch die relativ höchste Gottesdienstbeteiligung unter den ostdeutschen Kirchen auf). Das Bild der Abendmahlsbeteiligung im Osten wird stark durch die sächsische Landeskirche bestimmt. Trotzdem ist im Vergleich zum Westen von einer höheren Abendmahlsbeteiligung auszugehen. Allerdings, dies zeigen die Beispiele von Sachsen und Bayern, gibt es regionale Frömmigkeitstraditionen, die stärker prägend sind als West-Ost-Unterschiede. In diesen Zusammenhang gehört auch die relativ niedrige Prozentzahl für Württemberg. Dieses ist Spitzenreiter, was die Gottesdienstbeteiligung angeht. Offenbar ist dort ein eher seltener Abendmahlsgang (ein- bis zweimal im Jahr) nach wie vor zu konstatieren. Von praktischer Bedeutung scheinen mir diese Ergebnisse deshalb zu sein, weil in der pastoralen Praxis die regionalen und lokalen Traditionen berücksichtigt werden müssen.

Geht man von der Anzahl der angebotenen Abendmahlsfeiern aus, zeigt sich in den letzten zwanzig Jahren ein erkennbarer Rückgang der Bedeutung von Kranken- und Hausabendmahlsfeiern. Dies gilt zumindest für die westdeutschen Kirchen. Für die ostdeutschen liegen keine entsprechenden Vergleichswerte vor. Der Rückgang könnte auf die Praxis der Pfarrerinnen und Pfarrer zurückzuführen sein (Ort des Abendmahls ist die Gemeinde) oder aber auf eine geringere Nachfrage seitens der Gemeindemitglieder. Wäre letzteres der Fall, würde dies soziologisch gesehen auf eine weitere Lockerung zwischen Alltagswelt und kirchlichem Handeln schließen lassen. Dies wäre umso bedauernswerter als an vielen Stellen heute wieder rituelle Formen der Bearbeitung von Lebensproblemen gesucht werden. Ganz unabhängig davon sind gerade Krankenabendmahle auch Ausdrucksformen der Gemeinschaft der christlichen Gemeinde, die immer auch diejenigen umfaßt, die an ihren Gottesdiensten nicht teilnehmen können.

Praxis

Für den Statistiker ist Abendmahlsfeier gleich Abendmahlsfeier, nur so kann man sie zählen und Summen bilden. Lange Zeit war die liturgische Gestalt einer Abendmahlsfeier einheitlich, agendarisch vorgegeben, bei den Katholiken durch das Meßformular, im evangelischen Bereich durch die vorgeschriebenen Ordnungen der Landeskirchen. Im Regelfall werden immer noch die landeskirchlichen Ordnungen angewandt, gelegentlich nach eigenem Geschmack abgewandelt oder auch für eine jeweilige Gemeinde eigengeprägt übernommen. Daneben gibt es aber offensichtlich eine Art »zweites Programm«, gewissermaßen kasuelle Feiern, sei es für eine ganze Gemeinde, sei es für eine Gemeindegruppe, sei es für eine Gruppe ohne Ortsgemeindebezug. Hierin spiegelt sich eine Individualisierungstendenz (die an vielen Stellen unserer Gesellschaft auftritt) im Umgang mit Ritualen in einer höchst speziellen Weise, nämlich dergestalt, daß das vorgegebene Ritual nur in seiner Grundstruktur erhalten bleibt, seine einzelnen Elemente situationsspezifisch neu geformt werden. Ein »neuer« Abendmahlsgottesdienst ist im Vergleich mit den agendarischen Vorlagen wirklich neu, manchmal bleibt kein einziges Element unverändert erhalten, von den Einsetzungsworten bis zum Schlußsegen. Aber er bleibt von der Gesamtstruktur her ein Abendmahlsgottesdienst. Gerade die Fremden, die von außen, nehmen dies wahr. Und so können sie auch die einzelne Abendmahlsfeier »toll« finden, die Teilnahme kann Erlebnis sein, und trotzdem bleibt die Skepsis gegenüber der Institution Abendmahl

erhalten. Man muß schon »bekehrt« sein, um dauerhaft mit dem Abendmahl leben zu können. Ähnliches gilt für die Wortgottesdienste.

Trotz dieser Einschränkungen im Blick auf die Reichweite halte ich das
»zweite Programm« für Abendmahlsgottesdienste für wichtig, und zwar
eben, weil sie kasuell sind, in ganz anderer Weise auf die Teilnehmer bezo-
gen als die streng agendarischen Feiern. In ihnen kann sich die Gemeinschaft einer Gruppe vor Gott vertieft zum Ausdruck bringen. Zweierlei
müßte allerdings bedacht werden: Die neuen Formen sind trotz deutlicher
Strukturanalogie oft nicht anschlußfähig genug an die jeweilige Regelform.
Ich gehe davon aus, daß es bestimmte invariable Elemente geben muß, ich
zähle vor allem die Einsetzungsworte und das Vaterunser dazu. Das zweite,
was zu bedenken ist, ist die Wertigkeit von agendarischen und neu gestalteten Abendmahlsfeiern. Wir sollten uns davor hüten, die kasuellen
Abendmahlsfeiern, ich nenne sie so einmal, höher zu bewerten als die
agendarischen. Gewiß, sie machen mehr Arbeit, sie ermöglichen schon in
der Vorbereitungsphase neue, oft intensive Gemeinschaftserfahrungen.
Darin unterscheiden sie sich vom agendarischen Abendmahl. Nur, auf das
Wunder des Geistes müssen wir hier und dort warten. Und auf das Wunder
des Geistes können wir hier wie dort rechnen.

Dies führt mich dazu, an dieser Stelle ein Wort für das agendarische Abendmahl einzulegen. Es bedarf heutzutage einer mystagogischen Hinführung,
möglicherweise in der vorausgehenden Predigt. Damit meine ich nicht ein
pädagogisierendes wortreiches Erklären, eher ein meditatives Eröffnen
einer religiösen Erfahrungsdimension, durchaus eine Brotmeditation,
auch eine Weinmeditation, ein meditatives Erinnern an die Ursprungsge-
schichte des Abendmahls. Ich halte es nicht für ausgeschlossen, auch die
eschatologische Dimension so zur Sprache zu bringen. Wenn der meditative Zugang gelingt, erschließt sich die Symbolwelt der Eucharistie fast
zwangsläufig.

In diesem Zusammenhang ist nicht zuletzt an die Wiederentdeckung des
Eucharistiegebetes in evangelischen Agenden zu erinnern. Es erinnert an
das Gewesene als Gegenwärtigem und Zukünftigen. Es kann diakonische
und politische Akzente setzen. Vielleicht ist dies überhaupt ein Kriterium
für alte und neue Abendmahlsfeiern, ob diese dem Christos diakonos
gerecht werden. Der Selbstgenügsamkeit mancher christlicher Kreise und
Gruppen sollte nicht durch entsprechende Abendmahlsfeiern Vorschub
geleistet werden.

Noch ein weiterer Grund bringt mich dazu, ein Pro gerade für das agendarische Abendmahl zu sprechen, nämlich sein Charakter als Ritual. Rituale
geben Sprache, wenn wir keine Sprache haben. Sie entlasten den Erfin-
dungsarmen – und wer würde nicht zumindest gelegentlich dazuzählen?
Sie leisten Wiedererkennen. Man weiß heute sehr genau um die Grenzen
von Ritualen, aber sie haben nach wie vor Bedeutung. Deshalb muß man an
ihnen arbeiten, nicht nur Einmaliges entwickeln, sondern Wiederkehren-

des, Tradition Stiftendes, etwa für ein Konfirmandenabendmahl, ein Gründonnerstagabendmahl, ein Abendmahl aus Anlaß eines Gemeindefestes. Es müßte spannend sein, derartige neue Traditionen dann auch weiter zu entwickeln, das Alte aufnehmend und doch für das Neue offen.

Eines muß ich auf alle Fälle noch sagen. Es gibt in unserer Kirche gegenwärtig einen Hang zur Intimität. Auch das Abendmahl soll intim sein, menschliche Nähe ausdrücken und praktisch ermöglichen. Und wenn dies schon bei der Feier selbst nicht der Fall sein kann, dann wenigstens bei einem Kirchenkaffee oder einer Agape. Vergessen wir nicht, Intimität löst Distanz auf. Dies kann eine Überforderung sein, es kann auch gefährlich sein. Anonym bleiben zu können, nicht gefühlsintim werden zu müssen, kann ein Schutz sein, ein Raum der Freiheit. Die nur symbolische Gemeinschaft im Abendmahlsritual verkörpert ein Stück weit diese Lebensdimension.

Susanne Natrup hat in einer Arbeit über die religiöse Dimension moderner Kunstmuseen auf die ästhetische Dimension des christlichen Gottesdienstes verwiesen. Manche neuen Abendmahlsfeiern dokumentieren dies eindrücklich. Welche sprachliche Kraft kommt in den Texten zum Ausdruck! Aber nicht nur in den neuen Texten, auch in den alten. Angerührt vom Heiligen Geist zu sein, heißt ja nicht zu lallen, dies vielleicht auch einmal, es heißt die Kraft zu erlangen, die schönen Gottesdienste des Herrn festlich zu feiern.

Abendmahlsfeiern

Bleibet in der Liebe

Feierabendmahl   *Peter Klever*

Gesang zu Beginn: »Laudate omnes gentes« (EG 181,6)

Eingangsmeditation
Zur Ruhe kommen – sich entspannen

Wir lassen den Tag hinter uns
und öffnen uns für den Abend.
Wir haben uns aus aller Geschäftigkeit gelöst.
Wir haben uns frei genommen.
Wir möchten still werden und hören.

(sehr ruhig)
Alles Laute des Tages klingt in mir ab.
Alles fällt von mir ab –
die Unruhe, die Spannungen ...
Ich versuche alle Verkrampfungen in mir zu lösen.
Ich gehe mit meinen Gedanken durch meinen Körper –
von der Stirn bis zu den Füßen
und versuche ihn zu lockern.
Ich bemühe mich, alles entspannt hängen zu lassen.
Ich spüre nach,
wie der Körper auf der Sitzfläche ruht.

Ich schließe die Augen
und lasse mich durch nichts stören.
Ich achte dabei auf meinen Atem.
Er kommt und geht – ganz von allein.
Ich lebe von dem, was ich empfange und was ich abgebe.

Manchmal spüre ich auch meinen Herzschlag.
Da innen möchte ich zur Ruhe kommen.
Wie regelmäßig das ruhige Herz schlägt.
Da tief in mich hinein
will ich mit meinem Atem aufnehmen,
was ich jetzt höre und erlebe.

Lied
In die nun folgende kurze Stille hinein wird das Lied angestimmt:
»Oculi nostri ad Dominum Deum«
(Unsere Augen richten wir auf Gott, unseren Herrn)

O - cu - li   nos - tri   ad   Do - mi - num De - um.
                                      Je - sum.

O - cu - li   nos - tri   ad   Do - mi - num nos - trum.

Musik: Jacques Berthier, Text: Gesang aus Taizé, aus 40 Gesänge aus Taizé, 10. Aufl. 1997; Gesänge aus Taizé, 4. Aufl. 1997, © Les Presses de Taizé, Deutsche Rechte beim Verlag Herder, Freiburg

Der Feierabend im Vaterhaus, im Mutterhaus, im Elternhaus
Gestaltung von Lukas 15,11–32

Da war ein Vater – erzählte Jesus seinen Jüngern, und den nichtgeachteten Leuten, den Zöllnern und Sündern, und den Angesehenen, die auch darauf Wert legten, ihren Glauben nach außen hin zu zeigen, den Schriftgelehrten und Pharisäern ... Sie alle hörten zu.
Da war ein Vater, der lebte zusammen mit seinen beiden Söhnen. Von einer Mutter hören wir nichts. Ob sie nicht mehr lebte? War sie vielleicht bei der Geburt eines Kindes gestorben? Sie wird einfach nicht erwähnt.
Das beunruhigt mich; denn diese Geschichte hören bei uns viele Frauen. Sie könnten fragen, wo kommen wir hier vor? Ist das eine Geschichte aus einer Männerwelt? Ja, das ist sie. Sie stammt aus einer Zeit, in der die Frau eine so untergeordnete Rolle spielte, daß man die Frauen einfach übergehen konnte, – sie so vernachlässigte. Die Welt war damals eine Männerwelt und sie ist es bis heute noch sehr stark. Darum spricht man eben auch vom Vaterhaus. Vom Mutterhaus reden wir nicht. Dieser Ausdruck kam erst mit der Gründung der Diakonissenanstalten auf. Da gab es dann Mutterhäuser. Uns wundert vielleicht, daß Jesus eine Geschichte ohne Frauen – ohne Mutter – erzählt, da er doch den Frauen einen anderen Rang einräumte als die Welt damals. Ich möchte es also etwas anders erzählen.
Da war ein Vater. Und der verkörperte in sich beides – so wie Jesus ihn schildert – Vater und Mutter in einem, Eltern. Und da waren die beiden Söhne, die lebten im Vater- und Mutterhaus, im Elternhaus. Und sie erlebten im Elternhaus Wärme und Geborgenheit, Versorgung und Verantwortung, einander helfen und füreinander dasein, miteinander reden und lachen, diskutieren und sich die Köpfe heiß reden, feiern und fröhlich sein. So ein Feierabend im Elternhaus muß schön gewesen sein. Man konnte sich in alles so richtig fallen lassen. Manchmal sangen sie – alle miteinander.

Canon principal

Can - ta - te   Do - mi - no.

Al - le - lu - ia,   al - le - lu - ia!

Ju - bi - la - te   De - o.

Musik: Jacques Berthier, Text: Gesang aus Taizé, aus 40 Gesänge aus Taizé, 10. Aufl. 1997; Gesänge aus Taizé, 4. Aufl. 1997, © Les Presses de Taizé, Deutsche Rechte beim Verlag Herder, Freiburg

Sie fühlten sich wohl dabei. Erquickung ging von den Stunden aus, in denen sie alle zusammen um den Tisch in der Stube saßen. Der Vater – die Mutter – die Söhne – die Mitarbeiter ... In der Ecke gab das brennende knackende Holz im Ofen wohlige Wärme. Manchmal spielten sie zusammen. Und manchmal – das waren fast die schönsten Abende – dann erzählten der Vater oder die Mutter eine Geschichte, etwas, was sie erlebt hatten oder was sie einmal gehört oder gelesen hatten ... Wahres, was sich zugetragen hatte, vermischte sich mit Träumen, die noch darauf warteten Wahrheit zu werden.
Manchmal brachten die Söhne ihre Freunde und Freundinnen mit. Dann wurden ein paar Stühle mehr an den Tisch gestellt – und es war wie eine größer gewordene Familie. Es schien ein Funke überzuspringen – von einem zum anderen –. So müßte es immer bleiben.

Wer in der Liebe bleibt (Kanon)

Wer   in   der   Lie - be   bleibt,   der bleibt in   Gott   und
Gott in   ihm,   der bleibt in   Gott und Gott in   ihm.

Harmoniefolge: Dm C //
Text: 1. Joh 4,16. Melodie: Fritz Baltruweit.
Rechte: Dagmar Kamenzky Musikverlag, Hamburg.

Aus dem Feierabend herausfallen: das Weggehen aus dem Vaterhaus

Dann aber – kam eine andere Zeit. Es wandelte sich vieles – dort, wo sie wohnten. Alte Bauernhäuser wurden zu Kneipen und Kinos, in Tennen lockte der Tanz, nicht nur scharfe Getränke verhieß die eine oder andere Bar. Der Most im Elternhaus und das Brot brachten aufeinmal nicht mehr die Freude wie früher. Andere Getränke, andere Speisen schmeckten plötzlich besser. Überhaupt – anderes hielt überall seinen Einzug. Andere Moden, andere Frisuren, andere Meinungen ...
Niemand aber sah die, die hinter all dem ständig Anderen standen und es verstanden, ständig anderes anziehend und daraus Geld zu machen.
So kam der Tag, an dem der eine der beiden Söhne den Wunsch verspürte: Ich will nicht mehr so leben wie meine Eltern. Ich will selber tun und lassen können, was mir Spaß macht. Nicht immer wie gewohnt schlafen gehen und frühmorgens aufstehn. Die Nächte sind zum Feiern da, der Tag ist zum Ausschlafen da. Wenn ich Geld habe, will ich damit leben, jetzt und nicht irgendwann, wenn ich vielleicht zu alt dazu bin und nicht mehr kann. Vergnügen will ich mich. Die Welt genießen. Die Probleme, die es gibt, die interessieren mich herzlich wenig. Ich brauch sie bloß nicht zu meinen Problemen zu machen, dann bin ich sie los.
Der Vater macht sich eh' um alles viel zu viel Gedanken. Und die Mutter erst ...
Und eh' er sich's versah, fiel er mit dem Herzen aus dem Feierabend, stahl sich in Gedanken fort aus dem Haus, in dem sie zusammenlebten – Vater, Mutter und die beiden Söhne ...

Kyrie-Ruf

Ky-ri-e e-lei-son, Ky-ri-e e-lei-son, Ky-ri-e e-lei-son.

Text: Liturgie, Musik: Thomas Quast, aus: Oekumene heute, Mein Liederbuch 2, 1992, alle Rechte im tvd-Verlag, Düsseldorf

Eines Morgens packte er seinen Koffer, entschlossen – seinen Träumen das Leben zu schenken.
»Vater, gib mir, was mir zusteht«, sagte er zum Vater, »ich will mir ein eigenes Zimmer nehmen. Ich will selbständig sein. Ich will mein Leben leben.«
Der Vater wußte, er konnte es ihm nicht ausreden. Manche Wege müssen die Kinder gehen, müssen sie ausprobieren, wohin sie auch führen. Der Sohn hätte es nicht gewollt, daß er ihn umarmt. So ließ er es.
Aber seine Blicke umarmten sein Kind, als er ihm das Geld gab – und als er ihm nachblickte, wie er sich immer weiter entfernte.

Kyrie-Ruf (s. o.)

Der Sohn lebte von da an sein eigenes Leben. Er hatte zu Hause Vertrauen gelernt. So schenkte er – wie selbstverständlich – sein Vertrauen diesem und jenem. Er merkte nicht, daß dieser und jener nicht ihn, sondern nur seine Großzügigkeit meinten. Es waren immer irgendwelche Leute da, die sich zu ihm hielten, solange er sie freihielt. Erst – als all sein Vermögen auf-gebraucht war, da wurde es um ihn einsam.
Da war niemand mehr da, dem er Vertrauen schenken konnte. Auf einmal wollte keiner mehr mit ihn zu tun haben. Je einsamer er wurde, desto öfter tauchten vor ihm Vater und Mutter auf, die Menschen, die ihn wirklich geliebt hatten. Die nicht fragten, ob er etwas fertiggebracht hatte oder nicht. Die ihre Liebe nicht von seinen Leistungen oder von seinem Wohl-verhalten abhängig machten.
Die ihn auch in die Arme geschlossen hatten, wenn eine Schulaufgabe daneben ging oder wenn er etwas Dummes angestellt hatte. Aber von ihnen war er ja weggegangen. Wieder zurückgehen – nein! Den Gedanken schob er weit von sich. Ich kann doch nicht den Eltern unter die Augen treten.

Kyrie-Ruf (s. o.)

Ich habe meinen Teil ihres Gutes vertan.
Und doch – er sah ihn immer häufiger vor sich – den Vater – und auch die Mutter. Nachts träumte er von ihnen. Sie standen mit offenen Armen vor ihm und es war, als bewegten sich ihre Lippen: Komm, komm doch zurück. In unserem Haus hat sich an einem nichts geändert. Da wohnt nach wie vor die Liebe.

Lied: Ubi caritas et amor

U - bi ca - ri - tas   et   a -   mor,
Wo die Lie-be wohnt   und Gü -   te,

U - bi ca - ri - tas,   De - us i - bi est.
wo die Lie - be wohnt,   da ist un - ser Gott.

Musik: Jacques Berthier, Text: Gesang aus Taizé, aus: 40 Gesänge aus Taizé, 10. Aufl. 1997; Gesänge aus Taizé, 4. Aufl. 1997, © Les Presses de Taizé, Deutsche Rechte bei Verlag Herder, Freiburg

Wie schmeichelte diese Melodie in seinen Ohren. Doch sein Stolz sagte: Nein! Ich gehe meinen Weg allein. Ich habe mich selbst in dieses Leben hineingeritten. Ich muß schauen, wie ich damit fertig werde. Um das Gnadenbrot bettele ich nicht. Ich will nicht von der Güte des Vaters leben und abhängig sein. Ich muß mich selber durchbeißen. Und wenn das Brot mehr als hart ist.

Während der Sohn so in der Ferne sich des öfteren nach Hause sehnte, aber sein Stolz ihn daran hinderte, zurückzukehren, saßen die Eltern abends oft zusammen und fragten sich: Wie mag es dem Jungen ergehen? Sie wünschten sich nichts sehnlicher, als daß er wieder zurückkehrte. Und manchmal wandelte sich ihr Wunsch in ein Gebet. Ob Gott es ihn hören ließe?

Zur Liebe zurückkehren

Lied: EG 650 Kehret um, und ihr werdet leben

Keh - ret um,   keh - ret um,
und ihr wer - det le - ben.   le - ben.

Text: Ez. 18,32, Melodie: Christian Kröning, Satz: Fritz Baltruweit; Aus: Bausteine für den Gottesdienst; Rechte: Carus-Verlag, Stuttgart

Manchmal müssen Eltern lange warten, bis ihre Gebete den Stolz der verlorenen Kinder abtragen. Manchmal erleben sie es auch persönlich gar nicht mehr, was sich da alles in der Ferne gewandelt hat. Aber – manchmal – kehrt einer um. Der, von dem Jesus erzählte, spürte wohl, daß er heimgeliebt wurde. Er sah immer häufiger – tags in Wachträumen, nachts in Schlafträumen – die weit geöffneten Arme derer, die ihn zu Hause erwarteten: Komm zurück. Laß dich umhüllen von der Güte, die Liebe redet nicht mehr von dem, was war. Alles soll sein wie früher, du bist unser Kind. Wir sind Vater und Mutter. Dein Weggang war nur ein Ausflug.

Lied: EG 650 Kehret um

Da kehrte er um. Und erlebte das alles. Der Vater kam auf ihn zu, schloß ihn in die Arme und es gab nur eins: Freude!
»Er war weg, nun ist er wieder da. Er hat sich entfernt, nun ist er zurückgekommen. Er hat erfahren, was wir ihm nicht vermitteln konnten, aber – nun weiß er es. Er muß nicht mehr vor der Liebe weglaufen. Kommt, – laßt uns ein Fest feiern.«
Und während im Haus alles vorbereitet wurde, hörte man den Gesang, der durch alle Räume klang:

Das Fest im Vaterhaus feiern (Mahlfeier)

Lied: EG 307 Gedenk an uns, o Herr

Und dann feierten sie das Fest, so wie es der zurückgekehrte Sohn von früher her kannte.

Das Auftischen

Die geschmückten Tische standen schon im Raum. Gläser und Kannen wurden hereingetragen.
Wie er das alles so erlebte, da dachte er sich: Wie schön ist es – in einem solchen Haus der Liebe zu wohnen, in einer solchen Geborgenheit daheim zu sein.
Ein altes Lied, das sie früher immer gesungen hatten, fiel ihm ein:
»Es ist gut, den Herrn zu preisen, es ist gut, auf den Herrn zu hoffen ...«,
und er dachte sich, manchmal sind halt große Umwege nötig, um dahinter zu kommen. Wie er das so dachte, da begannen es die Mitarbeiter, die alles bereitet hatten, in der Küche zu singen.

Lied: Bonum est

Bo - num est con - fi - de - re in Do - - mi - no,

bo - num   spe - ra - - re in   Do - - mi - no.

(Es ist gut, den Herrn zu preisen, es ist gut, auf den Herrn zu hoffen.)

Musik: Jacques Berthier, Text: Gesang aus Taizé, aus: 40 Gesänge aus Taizé, 10. Aufl. 1997; Gesänge aus Taizé, 4. Aufl. 1997, © Les Presses de Taizé, Deutsche Rechte bei Verlag Herder, Freiburg

Dann brachten sie das Brot herein und bevor es auf den Tisch gestellt wurde, hörten sie, wie die Worte gesprochen wurden:

»Brot
ein Wunder aus Erde, Wasser und Sonne.
Leben auf der Zunge.
Brot des Lebens.
Widerstandskraft gegen
den zugefügten Tod.
Und – wenn wir es teilen,
gewinnen wir Freunde,
Schwestern und Brüder.

Wein
ein Wunder aus Sonne, Erde und Wasser.
Licht auf der Zunge,
Feuer in Geist und Herz,
Botschafter der Freude.
Und – wenn wir ihn ausschenken,
knüpfen wir eine neue Verbindung
zu einem menschenfreundlichen Gott.«

Quelle: »Feiert Abendmahl« Materialheft der Beratungsstelle für Gestaltung von Gottesdiensten, Frankfurt/Main Heft 49/50, Januar 1987

Und der Vater erinnerte an den, der als Urbild der Liebe uns von Gott gesandt wurde: Christus.

»Ein Mensch wie Brot«, sagte er.

»Er lehrte uns die Bedeutung und Würde
des einfachen und unansehnlichen Lebens
unten am Boden
unter den armen Leuten
säte er ein
seine unbezwingbare Hoffnung

Er kam nicht zu richten sondern aufzurichten
woran ein Mensch nur immer leiden mag
er kam ihn zu heilen

Wo er war
begannen Menschen freier zu atmen
Blinden gingen die Augen auf
Gedemütigte wagten es zum Himmel aufzuschauen
und Gott
ihren Vater zu nennen
sie wurden wieder Kinder
er rief sie alle ins Leben

Er stand dafür ein
daß keiner umsonst gelebt
keiner vergebens gerufen hat
daß keiner verschwindet namenlos
im Nirgends und Nie
daß der letzte noch
heimkehren kann als Sohn

Er wurde eine gute Nachricht
im ganzen Land ein Gebet
ein Weg den man gehen kann
ein Licht
das man in Händen halten kann
gegen das Dunkel

Ein Mensch wie Brot
das wie Hoffnung schmeckt

Ein Wort das sich verschenkt
das sich dahingibt wehrlos
in den tausendstimmigen Tod
an dem wir alle sterben

Ein Wort
dem kein Tod gewachsen ist
das aufersteht und ins Leben ruft
unwiderstehlich
wahrhaftig dieser war Gottes Sohn.«

(aus: L. Zenetti, Sieben Farben hat das Licht, Verlag J. Pfeiffer, München 1987, Seite 60 f.)
Quelle: »Feiert Abendmahl«, s. o.

Der Lobgesang
Dann stimmten sie alle ein in das »Agios o theos ...«

Lied: EG 185,4

Die Mutter erinnerte dann an das letzte Abendmahl Jesu.

Es war kein festlicher Tag,
es war in der Nacht,
in der einer seiner Freunde ihn verriet.
In der Nacht, als sie ihn gefangen nahmen.
In der Nacht, bevor sie mit ihm kurzen Prozeß machten.
In der Nacht, bevor sie ihn folterten.
In der Nacht, bevor sie ihn kreuzigten.

In dieser Nacht kam Jesus mit seinen Freunden zusammen.
Das Mahl war bereitet.
Da nahm er das Brot und sprach das Dankgebet.
Dann brach er es und sprach:
Nehmet und esset, das ist mein Leib.
Er wird für euch gegeben.
Dann haben sie gegessen.
Nach der Mahlzeit nahm er den Kelch,
sprach das Dankgebet und sagte:
Trinkt alle von diesem Wein.
Das ist mein Blut,
das für euch vergossen wird
zur Vergebung eurer Sünde.
Tut das zu meinem Gedächtnis.

So machte er Frieden mit uns
und die Liebe verband uns neu mit Gott.
Darum rufen wir dich an, Vater –
sende auf uns herab deinen Geist,
den Geist der Liebe und der Versöhnung,
damit wir dich preisen
und von ganzem Herzen dir singen
mit deinem ganzen Volk auf Erden.

Der Lobpreis

Lied: EG 622 Pfalz/Baden, EG Bayern 605
Magnificat anima mea dominum

Kanon I

Text: Lobgesang der Maria, Lukas 1,46
Doppelkanon für je 4 Stimmen: Jacques Berthier, Taizé 1978
© Les Presses de Taizé, Deutsche Rechte bei Verlag Herder, Freiburg

Das Mahl

Dann gingen sie zu den Tischen und gaben sich gegenseitig Gläser. Keiner nahm etwas für sich. Sie nahmen sich ein Glas, um es einem anderen weiterzureichen. Und mit der Kanne schenkten sie – einer dem anderen – Wein ein. Auch das Brot reichten sie einander und jeder brach sich davon ein Stück ab.

Lieder zum Mahl

Jesus Brot, Jesus Wein (Kanon)

Dank für Brot, Dank für Wein.

Text: F. K. Barth / P. Horst. Melodie: P. Janssens. Aus: »Uns allen blüht der Tod«, 1979. Alle Rechte im Peter Janssens Musik Verlag, Telgte/Westfalen.

Con-fi-te-mi-ni Do-mi-no quo-ni-am bo-nus,

Con-fi-te-mi-ni Do-mi-no Al-le-lu - - ja.

(Dankt dem Herrn, denn er ist gut, Alleluja!)

Musik: Jacques Berthier, Text: Gesang aus Taizé, aus: 40 Gesänge aus Taizé, 10. Aufl. 1997; Gesänge aus Taizé, 4. Aufl. 1997, © Les Presses de Taizé, Deutsche Rechte bei Verlag Herder, Freiburg

Als sie gegessen und getrunken hatten, gaben sie sich ein Zeichen des Friedens. Entweder gaben sie sich die Hand, manche umarmten sich. Einige sagten wie der Auferstandene zu seinen Jüngern: Friede sei mit dir. Oder nur einfach: Shalom. La chajim. Leben.

Ein paar Mitarbeiter stimmten währenddessen im Hause ein Lied aus Afrika an: Sanftmut den Männern, Großmut den Frauen, Liebe uns allen ...

Der Wunsch für uns alle

Lied: Sanftmut den Männern / Siph' amandla

1. Sanft - mut den Män - nern!
2. Flü - gel den Lah - men!
3. Ehr - furcht den Star - ken!

1. Groß-mut den Frau-en, Lie-be uns
2. Lie-der den Stum-men! Träu-me uns
3. Mut den Ge-jag-ten! Frie-de uns

1. al-len, weil wir sie brau-chen.
2. al-len, weil wir sie brau-chen.
3. al-len, weil wir ihn brau-chen.

Originaltext: Siph' amandla Nkosi / Wokungesabi / Siph' amandla Nkosi / Siyawadinga

Text und Melodie aus Südafrika. Satz: Utryck Verlag, Uppsala. Dt. Übersetzung: Gerhard Schöne. Rechte: bei den Autoren

Es war, als sei etwas von dem großen Frieden zu spüren, den nicht Menschen machen, sondern der von Christus ausgeht. Er setzte sie in Bewegung. Jeder ging danach zu seinem Platz zurück, im Takt der Musik, die einlud, zum sich einschwingen. Es war fast wie ein feierlicher Tanz, wie eine tanzende Prozession ...

Kanon: EG 436 Herr, gib uns deinen Frieden

Kein Fest wurde beendet ohne die Anrufung Gottes, der in Christus uns die Liebe gebracht hat.
So sangen sie:

Das Gebet

O————————— A - do - ra - mus te   Do - mi - ne.

(Herr, wir beten dich an)

Musik: Jacques Berthier, Text: Gesang aus Taizé, aus: 40 Gesänge aus Taizé, 10. Aufl. 1997; Gesänge aus Taizé, 4. Aufl. 1997, © Les Presses de Taizé, Deutsche Rechte bei Verlag Herder, Freiburg

Eingesprochen:
Christus
der du mich kennst und doch nicht verachtest, ---
du Bruder, der auf mich wartet,
der du Kraft gibst durchzuhalten,
der du Kranke heilst,
der du in Traurigkeit tröstest,
der du mein Leben verwandelst,
der du mir Mut machst,
der du mir hilfst zu vergessen,
der du mir immer eine neue Tür öffnest,
Christus
dessen Liebe nie aufhört
laß mich in deiner Liebe bleiben

Lied: EG 188 Vater unser im Himmel (besser: Melodiefassungen von Peter Janssens)

Segen
Nun kehren wir zurück aus diesem Feierabendmahl in unsere Häuser, in unseren Alltag, in unsere Gewöhnlichkeit.

Gott - aber - bleibe bei euch:
wie eine Mutter - wie ein Vater,
wie eine Schwester - wie ein Bruder,
wie ein Freund - wie eine Freundin,
wie die Güte, die in allen wohnen kann.

Gott berühre euch im Kommen wie im Gehen
Gott bewahre euch im Tun wie im Lassen.
Gott belebe euch im Schaffen wie im Träumen.
Gott behüte euch im Wachen wie im Schlafen.
Gott segne euer Leben und Sterben.
Amen.

Das Abendlob

Lied: EG 266 Der Tag, mein Gott, ist nun vergangen

Anmerkung
Trotz intensiven Nachforschens konnte ich nicht herausfinden, ob die Anregung zu dieser Feierabendgestaltung einer mir heute nicht mehr zugänglichen Quelle entnommen wurde. *Peter Klever*

»Selig seid ihr, glücklich seid ihr«

Abendmahl in einem musikalischen Kreis *Günter Thomé*

Der Gottesdienst wurde mit der Gruppe »Senfkorn« aus Lünen (Leitung: Hildegard Schneidereit) erarbeitet und gefeiert. Alle Teilnehmenden sitzen in einem gemeinsamen Stuhlkreis um den Altar oder um einen eigens dafür bereiteten Abendmahlstisch.

Einsingen

Musikalische Eröffnung

Liturgische Eröffnung
Wir feiern diesen Abendmahlsgottesdienst
im Namen unseres Gottes,
der das Brot aus der Erde hervorbringt,
das des Menschen Herz stärkt,
und den Wein,
der des Menschen Herz erfreut;
im Namen Jesu Christi,
der das Brot des Lebens
und der wahre Weinstock im Reich Gottes ist;
und im Namen des Heiligen Geistes,
die Kraft, die uns beständig bleiben läßt
in der Verkündigung und Gemeinschaft,
im Brotbrechen und Gebet. Amen

(Psalm)Gebet im Wechsel (Gruppe I und Gruppe II):
I »Glücklich die Kirche,
   die nie aufhört zu fragen,
   die nie aufhört zu suchen.

II Glücklich die Kirche,
die sich selbst in Frage stellt,
die über sich selber lächeln kann.

I Glücklich die Kirche,
die Freiheit verbreitet aus ihrem Glauben,
die Freude ausstrahlt aus ihrem Leben.

II Glücklich die Kirche,
die den Menschen neue Zuversicht schenkt,
die den Frieden und die Gerechtigkeit in die Tat umsetzt.

I Glücklich die Kirche,
die ein Ort der Menschlichkeit ist in einer unmenschlichen Welt,
sie könnte selber Modell sein für eine gute Zukunft.

II Glücklich die Menschen dieser Kirche,
sie brauchen keine Angst zu haben,
von Gott und den Menschen verlassen zu sein.«

Text: Diethard Zils, nach Psalm 1, aus: Mein Liederbuch, Bd. 1, Seite 9, 1981,
alle Rechte im tvd-Verlag, Düsseldorf

Kyrie-Lied: Meine engen Grenzen (EG 600 Landeskirchlicher Liederteil
EKiR/EKvW)

Gnadenzusage
Jesus kannte seinen Propheten Jesaja gut.
Dort spricht Gott:
Ich wohne in der Höhe und im Heiligtum
und bei denen, die zerschlagenen und gedemütigten Geistes sind,
auf daß ich erquicke den Geist der Gedemütigten
und das Herz der Zerschlagenen.
Ich will nicht ewiglich hadern und zürnen;
will euren Geist und Lebensodem erhalten.
Die treulosen Wege eurer Herzen habe ich gesehen,
aber ich will euch heilen und leiten und wieder Trost geben;
und denen, die da Leid tragen,
will ich Lob auf den Lippen schaffen.
Friede, Friede, denen in der Ferne und denen in der Nähe,
ich will sie heilen!

Glücklich ist, wer sprechen kann:
Der Geist Gottes ist auf mir,
weil Gott mich gesalbt hat.
Gott hat mich gesandt,
den Elenden frohe Botschaft zu bringen,
die zerbrochenen Herzen zu verbinden,

den Gefangenen die Freiheit zu verkünden,
den Gebundenen, daß sie frei und ledig sein sollen,
zu verkündigen ein gnädiges Jahr Gottes und einen Versöhnungstag,
alle Trauernden zu trösten!
(nach Jes 57,15–19; 61,1 f.)

Lied: In Gottes Namen

In Got-tes Na-men wolln wir finden,

was ver - lo-ren ist, in Got-tes Na-men

wolln wir su-chen, was ver - irrt ist, in Gottes

Na - men wolln wir hei - len, was ver - letzt ist

in Got-tes Na-men wolln wir stärken,

was ge - schwächt ist, in Got-tes Na-men wolln wir

1 - 3
hü-ten, was le - ben-dig ist, wie ei - nen

Aug - ap - fel, wie mein Kind, wie ei - ne

Quel-le. In Got-tes Na-men. A - men.

M.: Peter Janssens, T.: Friedrich Karl Barth; aus: Ich liebe das Leben, 1981, alle Rechte im Peter Janssens Musik Verlag, Telgte-Westfalen

2. In Gottes Namen wollen wir trösten, was verzweifelt ist. In Gottes Namen wollen wir hören, was verstummt ist. In Gottes Namen wollen wir schützen, was bedroht ist. In Gottes Namen wollen wir retten, was zerstört ist. In Gottes Namen wollen wir hüten, was lebendig ist, wie einen Augapfel, wie mein Kind, wie eine Quelle. In Gottes Namen. Amen.
3. In Gottes Namen wollen wir träumen, was undenkbar ist. In Gottes Namen wollen wir sehen, was verkannt ist. In Gottes Namen wollen wir sagen was ganz neu ist. In Gottes Namen wollen wir fragen, was das Glück ist. In Gottes Namen wollen wir hüten, was lebendig ist, wie einen Augapfel, wie mein Kind, wie eine Quelle. In Gottes Namen. Amen.

Evangeliumslesung: Mt 5,3–10
Alle haben den Text vor sich. In der Lutherübersetzung wurde das Wort »selig« durch das Wort »glücklich« ersetzt. Die Lesung wird auf mehrere LektorInnen aufgeteilt, um mehrere Stimmen zu Gehör zu bringen.

Den Text fokussieren
Die Teilnehmenden werden gebeten, einzelne Textzeilen, die ihnen momentan wichtig sind, laut zu lesen. Das geschieht dann mit viel Zeit, frei durcheinander, sicherlich mit einigen Mehrfachnennungen etc.

Lied: Selig seid ihr (EG 666 Landeskirchlicher Liederteil EKiR/EKvW ...) Das Lied wird 2x durchgesungen.

Predigtgespräch
zum Evangeliumstext
Die Teilnehmenden werden gebeten, sich in freier Form zum Text zu äußern. Leitender Gedanke für die Gesprächsbeiträge könnte sein: Mir ist diese Textstelle wichtig, weil ...

Kanon-Lied: Wo zwei oder drei (EG 578 Landeskirchlicher Liederteil EKiR/ EKvW ...)

Predigtgesprächsbeitrag
der Theologin/des Theologen:
Hier könnte ein Plädoyer für das Glück gewagt werden, das die Auffassung von einer ›Konsumware Glück‹ weiterführt zu einem Glücksbegriff in der Perspektive vom Reich Gottes:

»Trachtet zuerst nach dem Reich Gottes und nach seiner Gerechtigkeit, so wird euch das alles zufallen.« (Mt 6,33)

Da wäre vielleicht eine auf die aktuelle Situation abgestimmte Paraphrase eines Textes von Dorothee Sölle angebracht (Dorothee Sölle, Phantasie und Gehorsam. Überlegungen zu einer künftigen christlichen Ethik (1968), [9]1980, Seite 52 ff.). Sie schreibt:

»Glück ist kaum je zu einem theologischen Thema avanciert, es spielt auch im Lebensgefühl christlicher Gruppen traditionellerweise eine untergeordnete Rolle. ... Das wirkliche Glück muß von polykratischer Furcht frei gedacht werden, der in Wahrheit Glückliche braucht nicht zu fürchten, daß die allgemeine Tendenz der Welt ihm feindlich sei. Er weiß sich eins mit dem Allgemeinen; die Erfüllung, die er selber erfährt und zugleich herstellt, genießt und schafft, ist ihm darin selbstverständlich, daß er sie überträgt auch auf andere; das Glück steckt an.« (Seite 52)

»Daß die Chancen des Glücks sich vermehren lassen, bedeutet, daß das Glück sich nicht dem Zufall verdankt, sondern nun Sache unserer Freiheit wird, Sache unserer Befreiung. Freigewordene Menschen sind Bauleute des Glücks ... (Seite 54)

»Im Interesse des Glücks ist von jener Tugend, die bei Glücklichen gedeiht, zu sprechen: der Phantasie ...« – der »Phantasie Jesu« (Seite 56) »Er brachte nicht neue Tugenden und Pflichten, sondern Glück für die, mit denen er zu tun hatte, ein Glück, das Tugend neu begründete und möglich machte.« (Seite 59)

»Ich halte Jesus von Nazareth für den glücklichsten Menschen, der je gelebt hat. Ich denke, daß die Kraft seiner Phantasie aus dem Glück heraus verstanden werden muß. Alle Phantasie ist ins Gelingen verliebt, sie läßt sich etwas einfallen und sprengt immer wieder die Grenzen und befreit die Menschen, die sich unter diesen Grenzen in Opfer und Entsagung, in Repression und Rache ducken und sie so ewig verlängern. Jesus erscheint in der Schilderung der Evangelien als ein Mensch, der seine Umgebung mit Glück ansteckte, der seine Kraft weitergab, der verschenkte, was er hatte.« (Seite 63)

»Je mehr Glück, um so mehr Fähigkeit zu wirklicher Preisgabe. Von Christus ist zu lernen: Je glücklicher einer ist, um so leichter kann er loslassen. Seine Hände krampfen sich nicht um das ihm zufallende Stück Leben. Da er die ganze Seligkeit sein nennt, ist er nicht aufs Festhalten erpicht. Seine Hände können sich öffnen.« (Seite 65)

Lied: Ich gebe euch ein neues Land

die ihm die-nen und wer-de mit
ße spü - ren. Her - zen
euch sein und wer-de mit euch sein.
lie- ben Freun - de sein.
1. Aus dem Land der Ver-schwen-dung zieht
fort. zieht fort aus der to-ten Stadt Kon-
sum. Die Tür-me Zer-stö-rung tragt
ab! Sagt euch los von den Göt-zen Geld und
Macht.

2. In das Land der Verheißung zieht ein, zieht ein in die hoffnungsvolle Stadt. Die Häuser des Lebens baut auf! Laßt euch ein auf Verzicht und Geduld! (Ref.)

M.: Reinhard Horn, T.: Christa Peikert-Flaßpöhler; in: Auf der Suche (Hrsg. Franziskus-Gemeinde Dortmund-Scharnhorst, 1994) Seite 476/Nr. 610

Fürbitten:
Die Teilnehmenden werden gebeten, einzelne Gebetsanliegen auf der Grundlage des Predigtgesprächs frei zu formulieren, z.B.: »Gott der Güte, wir bitten dich für alle, die an ... leiden ...«

Jede Fürbitte wird aufgenommen durch den
Liedruf: Herr, erbarme dich (EG 178,10)

Lied: Nur so ein Dach über den Köpfen

1. Nur so ein Dach ü - ber den Köp - fen
Mau-ern aus Haut, Fen - ster wie Au - gen
Tür, die zur Stil - le of - fen - steht
spä - hend nach Hoffnung, Mor - gen - rot
So vol - ler Le - ben wird, wie ein Leib, das
Haus, in das wir gehn um recht vor Gott zu stehn.

2. Worte von fern, fallende Sterne. Funken, vor Zeiten ausgesät. Namen für ihn, Träume, Signale, tief aus der Welt zu uns geweht. Münder aus Erde hören und sehn, umfangen, sprechen fort das freie Gotteswort.

3. Tisch, der uns eint, Brot, um zu wissen: Wir sind einander anvertraut. Wunder aus Gott, Menschen in Frieden, altes Geheimnis, neu entdeckt. Brechen und teilen, sein, was nicht geht, tun, was undenkbar ist, im Sterben auferstehn.

M.: aus den Niederlanden, T.: Hoob Oosterhuis; in: Auf der Suche Nr. 610/Seite 476

Einsetzungsworte (Sprechmotette)
1: Glücklich ist, wer das Brot ißt im Reich Gottes! (Lk 14,15)
2: Es ist Abend. Es ist der Beginn der Nacht, in der Jesus gefangengenommen wird.
3: Es ist der Abend, an dem das Passah-Fest beginnt: der Seder-Abend.
4: Jede jüdische Familie feiert diesen Seder-Abend – am liebsten in Jerusalem.
5: Jesus ist mit seinen Jüngern in Jerusalem. Ein Freund Jesu hat in seinem Haus das Essen für Jesus und die Jünger vorbereitet.
6: Nun sind alle am Tisch versammelt, das Essen ist vorbereitet; der Lammbraten und all die symbolischen Dinge, die dazugehören: ein

Ei, ein gerösteter Lammknochen, Bitterkräuter, Petersilie, Salzwasser, braunes Mus; ungesäuertes Mazzenbrot und Wein.

7: Jesus nimmt einen Becher Wein und spricht ein Dankgebet.

8: Jesus nimmt das Brot und spricht ein weiteres Dankgebet.

9: Dann teilt Jesus das Brot und reicht eine Hälfte an alle weiter.

10: Was sonst der jüngste Sohn am Seder-Abend fragen muß, das fragt der Jüngste von den Jüngern:

11: *Warum* ist diese Nacht anders als alle anderen Nächte?
In allen anderen Nächten können wir gesäuertes und ungesäuertes Brot essen. In dieser Nacht nur ungesäuertes!?
In allen anderen Nächten können wir viele Kräuter essen, in dieser Nacht nur bittere Kräuter und das Gemüse in Salzwasser getaucht!?
In allen anderen Nächten können wir frei sitzen oder angelehnt, in dieser Nacht sitzen alle angelehnt ...!?
Warum ist diese Nacht anders als alle anderen Nächte?
Warum?

12: Diese und andere Fragen werden aufgesagt wie ein Gedicht, und alle Jünger erwarten, daß Jesus jetzt die Geschichte vom Auszug des Volkes Israel aus Ägypten erzählt; so erzählt, als wären alle dabeigewesen. Aber Jesus hält eine ganz andere Tischrede. Darin sagt er:

13: »NEHMET HIN UND ESSET: DAS IST MEIN LEIB, DER FÜR EUCH GEGEBEN WIRD. SOLCHES TUT ZU MEINEM GEDÄCHTNIS.«

14: Meint Jesus das Brot oder etwa seinen Körper? Wir sind doch keine Kannibalen! Oder meint Jesus uns als Gemeinschaft?

15: Seinen Tod sagt Jesus als Konsequenz seines Lebens voraus; als letzte Konsequenz seines totalen körperlichen Einsatzes.

16: Ihr seid der Leib Christi, und jeder ist ein Teil davon. (1. Kor 12,27)

17: Und dann nimmt Jesus den Kelch mit dem Wein, und jeder trinkt einen Becher Wein. Manch einer hat ein beklommenes Gefühl, wie er den roten Wein im Mund spürt und hinunterschluckt. Aber alle sind glücklich, weil sie so zusammen sind und feiern.

18: Beim Propheten Jeremia heißt es: Siehe, es kommt die Zeit, spricht Gott, da will ich mit dem Hause Israel und mit dem Hause Juda einen neuen Bund schließen ... Das soll der Bund sein ...: Ich will mein Gesetz in ihr Herz geben und ihren Sinn schreiben, und sie sollen mein Volk sein, und ich will ihr Gott sein. (Jer 31,31+33)

19: Jesus sagt:
»NEHMET HIN UND TRINKET ALLE DARAUS: DIESER KELCH IST DER NEUE BUND IN MEINEM BLUT, DAS FÜR EUCH VERGOSSEN WIRD ZUR VERGEBUNG DER SÜNDEN. SOLCHES TUT, SO OFT IHR'S TUT ZU MEINEM GEDÄCHTNIS.«

20: Der gesegnete Kelch, den wir segnen – ist der nicht die Gemeinschaft des Blutes Christi?

Das Brot, das wir brechen, ist das nicht die Gemeinschaft des Leibes Christi?
Ein Brot! So sind wir viele *ein* Leib, weil wir alle an *einem* Brot teilhaben. (1. Kor 10,16+17)

21: Glücklich sind eure Augen, daß sie sehen, und eure Ohren, daß sie hören. (Mt 13,16)

22: Kommt, denn es ist alles bereit. Schmecket und seht, wie freundlich unser Gott ist.

23: Glücklich sind, die das Wort Gottes hören und bewahren. (Lk 11,28)

Die Sprechtexte sind einfach nur durchnumeriert. Es muß aktuell abgesprochen werden, wieviele SprecherInnen wieviele Textanteile lesen wollen.

Lied: Brechen wir das Brot

2. Geh von Hand zu Hand, sag, daß uns Gott nicht läßt.
Durch Menschenhände kommt Brot zum Fest.

3. Ist das Brot verzehrt, soll's aufersteh'n erneut.
Wir sind gesendet, als Saat gestreut.

M.: S. Sahm, T.: Dieter Trautwein; in: Auf der Suche Nr. 599/Seite 467

Gebet: Bitte um den Heiligen Geist:

»Feuer du und Tröster-Geist,
Leben des Lebens aller Geschöpfe!

Alles durchdringst du –
die Höhen,
die Tiefen
und jeglichen Abgrund.

Heilig bist du, du belebst die Geschöpfe.
Heilig bist du, du salbst die Verletzten.
Heilig bist du, du reinigst die Wunden.

Hauch aller Heiligkeit,
Atem des Lebens,
Feuer der Liebe.

Zärtlich verkündest du Botschaft den Elenden,
erfüllst mit Sehnsucht unsere Herzen.

Du rufst uns zusammen zu deiner Gemeinde,
du kennst uns von Ansehen,
du weißt unsere Namen.

Du führst unseren Geist ins Weite
und befreist zum Leben

Alles durchdringst du –
die Höhen,
die Tiefen
und jeglichen Abgrund.

Feuer du und Tröster-Geist,
Leben des Lebens aller Geschöpfe.
Lob sei dir! – Amen.

(nach einer Meditation der Hildegard von Bingen)

Kanon-Lied: Brot und Wein

2

Laß mich ein Wei – zen – korn sein, das stirbt und

neu er – wacht, so wie auch in Brot und Wein

Schluß

Du sel – ber un – ter uns bist in Brot und Wein.

3

Brot und Wein. Du zeigst Dich uns,

so wie in Brot und Wein Du auch

sel – ber un – ter uns bist. Brot und Wein.

4

Brot und Wein Du zeigst

Dich in Brot und Wein,

in Brot und Wein. Brot und Wein.

M. + T.: Markus Pytlik; alle Rechte beim Autor

Austeilung im Kreis

Friedensgruß: Wir geben den Friedensgruß im Kreis einander weiter

Danklied (Kanon): Danken kann ich, Herr

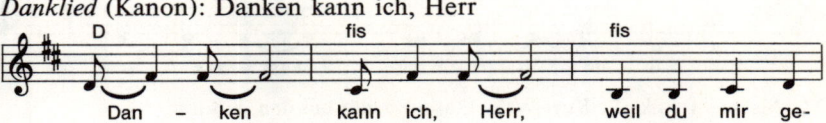

D   fis   fis

Dan – ken kann ich, Herr, weil du mir ge-

M.: Markus Pytlik, T.: Kurt Weigel, alle Rechte bei den Autoren

Vaterunser als Rundgebet
(Die liturgische Leitung beginnt mit dem Vaterunser und spricht die einzelnen Bitten soweit sie möchte. Die nächste Person im Kreis betet weiter: eine Bitte oder mehrere Bitten usw.; am Ende wieder von vorne. Vaterunser wird also insgesamt mehrfach gesprochen. Es ist auch möglich, an die nächste Person weiterzugeben, ohne selbst eine Bitte zu sprechen.)

Segen
(den Seligpreisungen nachgebildet)

Gott segnet dich in Zeiten der Armut wie im Himmel so auf Erden.
Gott segnet dich in Zeiten der Trauer und wird dich trösten.
Gott segnet dich in Zeiten der Machtlosigkeit und wird dir die Erde zum Besitz geben.
Gott segnet dich in deinem Hunger und Durst nach Gerechtigkeit und wird dich sättigen.
Gott segnet dich in deiner Barmherzigkeit und wird auch dir barmherzig sein.
Ein Segen sei dir dein reines Herz; es wird dir Gott zeigen.
Gott segnet dich in deinem Einsatz für Frieden und wird dich ›Tochter‹ und ›Sohn‹ nennen.
Gott segnet dich, wenn du in deinem Einsatz für Gerechtigkeit Verfolgung erleidest wie im Himmel so auf Erden.

Gott segnet dich und behütet dich.
Gott läßt das Angesicht leuchten über dir und ist dir gnädig.
Gott erhebt das Angesicht auf dich und gibt dir und der Welt Frieden.
Amen.

Musikalischer Ausklang

Was brauchen Menschen, um wirklich satt zu werden?

Abendmahlsgottesdienst   *Ingrid Scholz*

Orgelvorspiel
Begrüßung und Abkündigung durch Kirchenvorsteher
Dank an alle, die am Gelingen des Gottesdienstes beteiligt sind
Kollektenankündigung
Bitte um den Heiligen Geist

Eingangspsalm: Worte nach Psalm 51
Sieh mich an, Gott,
wie ich bin.
Sieh mich gütig an.
Komm mir nahe.
Nimm mein Versagen von mir.
Befreie mich von meiner Schuld.
Rechne meine Sünde nicht an.

Was ich falsch gemacht habe,
trifft mich.
Ich schließe nicht die Augen
vor den Folgen meines Tuns.
Erschaffe in mir ein neues Herz, Gott,
daß ich aufrecht gehe
und in Verantwortung lebe.
Nimm deinen lebendigen Geist nicht von mir.
Stärke meinen Mut
und meinen Verstand.
Öffne mir Herz und Mund, Gott,
daß ich deine Güte singe.

Ehr sei dem Vater und dem Sohn ...

Ansprache

Liebe Gemeinde!
(1) In dem Dorf meiner Kindheit – so erzählt die alte Frau Dörr – gab es ein
altes Brothaus. Einmal in der Woche wurde dort der große Backofen mit
Holz eingeheizt; dann zogen die Frauen mit ihren Blechen und Teiglaiben
herbei. Und bald schon wehte ein köstlicher, unbeschreiblicher Duft vom
Brothaus her.
Spannend war der Augenblick, wenn mit großen Brotschiebern das frisch-
gebackene Brot herausgeholt wurde: braun, glänzend und knusprig. Heute
noch habe ich den Duft in der Nase. Das Gefühl der Geborgenheit schwang
darin mit, daß auch für mich genug da war, obwohl die Zeiten im Vergleich
zu heute arm waren. Im Duft des Brotes und seiner Rundung, war das Versprechen satt zu werden!
Ganz besonders wichtig, liebe Gemeinde, ist für Kinder die Erfahrung, satt
werden zu können, genug zu bekommen, nicht zu kurz zu kommen. Auch
Jugendliche können noch Unmengen von Nahrung in sich hineinstopfen:
Brot, Pommes usw. Und doch ist es offensichtlich nicht das »Brot« allein,
das satt macht. Auch nicht Obst und Gemüse, Milch und Kuchen oder
Süßigkeiten können das geben, was Kinder, was Jugendliche – in erster
Linie – brauchen.

Aber was brauchen Menschen, um wirklich satt zu werden? Ich denke, wir haben ein Gespür davon, was unseren Hunger stillen könnte – vor allem Brot. Ein Säugling braucht vor allem die liebevolle Zuwendung seiner Mutter oder einer anderen Bezugsperson. Und erst wenn er diese Schwingungen aufnimmt, ist er bereit, die Brust anzunehmen und zu trinken. Das Baby wird getragen, gestreichelt, bekommt genug Hautkontakt, so daß es am eigenen Körper spürt: Ich werde geliebt; ich werde gehalten; ich bekomme, was ich lebensnotwendig brauche. Ich kann mich einmal neugierig in die fremde Welt hinaustrauen; sie begreifen. Im übertragenen Sinne, liebe Gemeinde, gilt das auch für Kinder, für Jugendliche, für Erwachsene:
Achtung erfahren – sich geborgen wissen – sich angenommen wissen, so wie man ist – sich getragen wissen, wenn nichts mehr geht.
Eine vertrauensvolle Beziehung kann wie Brot sein. Aber nicht jedes Brot macht satt; so manches liegt schwer im Magen, weil schädliche Zusätze darunter gemengt sind – auch im übertragenen Sinne:
– Ich tue doch alles für dich! Du dankst es mir nicht! –
– Aus dir wird sowieso nichts! Du bringst es zu nichts! bist ein Versager!
– Du bist an allem Schuld, daß es mir so schlecht geht!
– Gott liebt nur die braven Kinder! usw.
Und vieles schlucken, die Kinder, die Jugendlichen, schlucken wir, was abwertet, Schuld zuweist, lähmt. Oft merken wir es gar nicht oder viel zu spät, was uns lähmt, lebensuntüchtig, ängstlich macht.
Und wenn wir heute miteinander Brot essen und vom Saft der Traube trinken, dann besinnen wir uns darauf, daß wir Brot zum Leben brauchen, Brot, das stärkt und befreit. Brot, das versöhnt.
(2) In der Apostelgeschichte wird erzählt, daß die ersten Christen in ihren Häusern miteinander Brot brachen, also Abendmahl feierten. Und sich gegenseitig zu einem Sättigungsmahl einluden. Die Tradition des gemeinsamen Essens, der gemeinsamen Mahlzeiten, ist etwas sehr Bereicherndes und Stärkendes, wo sie gepflegt wird. Allein lassen die Arbeitsbedingungen nur noch selten gemeinsame Mahlzeiten in den Familien zu. Oft ißt jeder für sich. Und oft ist die Atmosphäre bei Tisch vergiftet. Was eine »gesegnete« Mahlzeit sein sollte, ist eher einem Kampfplatz vergleichbar zwischen Eltern und Kindern, zwischen Geschwistern, zwischen Partnern. Machtkämpfe um ein Stück· Fleisch, um Freiheiten, um Privilegien.
Und doch sprechen, liebe Gemeinde, die Erfahrungen des Immer-wieder-Scheiterns nicht gegen das, was wir mit dem gemeinsamen Essen ausdrücken wollen; gerade auch bei großen Festlichkeiten wie Konfirmation: Du bist uns wichtig. Wir freuen uns, daß es dich gibt. Wir drücken damit unsere Zuneigung zu diesen jungen Menschen aus, die morgen konfirmiert werden sollen, d. h. bestärkt. Manchmal sind wir Erwachsenen gerade darin etwas hilflos und ungeübt. Aber in uns spüren wir das tiefe Wissen, daß der Mensch nicht vom Brot allein lebt, daß zum gemeinsamen Essen mehr

noch hinzukommen muß als ein reich gedeckter Tisch, wenn wirklich Lebensenergie dasein soll: Gemeinschaft, Bereitschaft, einander zuzuhören, einander zu akzeptieren in der Andersartigkeit, einander zu achten in der Verletzlichkeit, einander zu vergeben und Bereitschaft zur Versöhnung.

(3) Wenn wir im Abendmahl miteinander Brot teilen, dann erinnern wir uns auch daran, daß wir Teil einer langen Entwicklung sind. Damit Brot entstehen kann, daran sind viele Menschen beteiligt

- der Bauer, der das Feld bestellt und das Korn erntet
- der Mühlenarbeiter in der Fabrik, der das Mehl mahlt
- der Bäcker, der früh aufstehen muß, um zu backen
- die Verkäuferin in den Geschäften
- und auch die, die für uns heute abend diese Feier vorbereitet haben.

Im Brot nehmen wir die Arbeit und Erfahrung und Sorgfalt vieler Menschen auf und können uns dankbar darüber freuen.

Wenn wir miteinander Brot teilen – wie wir es im Abendmahl tun – dann wollen wir damit ausdrücken:

Wir wollen einander schwesterlich und brüderlich zugetan sein. Was zwischen uns steht an unguten Erfahrungen, wollen wir einander nicht nachtragen, unsere Fehler und Schwächen, unser Versagen und unsere Ängste.

Wenn wir Brot teilen, dann geben wir einander auch davon, was uns zum Leben wichtig ist:

- Lebendigkeit möge dich anstecken und beflügeln.
- Hoffnung möge dich stärken wie frisches Brot.
- Zuneigung und Zärtlichkeit möge dich wärmen wie die Sonne.
- Friede möge dich begleiten und gute Spuren hinterlassen.

Eine alte Sitte: Eltern geben ihren Kindern vor dem Abendmahl ein Zeichen der Versöhnung und Entschuldigung für das, was nicht gut gelaufen ist bis jetzt. – Die Konfirmanden und Konfirmandinnen nach dem Abendmahl.

(4) Wenn wir heute Abendmahl feiern, nehmen wir immer auch vorweg, was wir nötig zum Leben brauchen:

- die Ruhe nach dem Sturm,
- die Heiterkeit des Friedens
- und die Umarmung aller, die sich vertrauen.

Jesus selbst, der in der Stadt mit Namen »Brothaus« geboren ist, hat am Anfang seiner Wanderungen durch Israel gesagt: Denkt über die Grenzen hinaus; das Reich der Himmel – Gottes neue Zeit – hat bereits begonnen.

Wenn wir Abendmahl feiern, dann nehmen wir ihn beim Wort, erinnern uns seines Lebens und beginnen mit ihm die neue Zeit.

Es tut gut – zu nehmen, in sich hineinzunehmen, in den Mund, in den Bauch – lebendiges Brot: Jesus.

Amen.

Lied: Wenn das Brot, das wir teilen ...
Melodie anspielen (mit Gitarre)
Vers 1: KonfirmandInnen und wer es schon kennt
Vers 1–6: alle

1. Wenn das Brot, das wir tei-len, als Ro-se blüht, und das Wort, das wir sprechen, als Lied er-klingt, dann hat Gott un-ter uns schon sein Haus ge-baut, dann wohnt er schon in un-se-rer Welt. Ja, dann schauen wir heut schon sein An-ge-sicht in der Lie-be, die al-les um-fängt, in der Lie-be, die al-les um-fängt.

2. Wenn das Leid jedes Armen uns Christus zeigt, und die Not, die wir lindern, zur Freude wird, dann hat Gott unter uns schon sein Haus gebaut ...

3. Wenn die Hand, die wir halten, uns selber hält, und das Kleid, das wir schenken, auch uns bedeckt, dann hat Gott unter uns schon sein Haus gebaut ...

4. Wenn der Trost, den wir geben, uns weiter trägt, und der Schmerz, den wir teilen, zur Hoffnung wird, dann hat Gott unter uns schon sein Haus gebaut ...

5. Wenn das Leid, das wir tragen, den Weg uns weist, und der Tod, den wir sterben, vom Leben singt, dann hat Gott unter uns schon sein Haus gebaut ...

Text: Claus-Peter März, Melodie: Kurt Grahl. Rechte bei den Autoren

Vorbereiten von Brot und Traubensaft

Austeilung

Dankgebet mit Fürbitte
Wir danken Gott für die Stärkung
mit dem Brot und Wein Jesu Christi,
für alles, was wir zum Leben haben,
und für die Kraft,

unabhängig zu sein und frei,
verzichten und abgeben zu können.

Wir danken Gott
für Gemeinschaft, Familie und Freundschaft
und für die Kraft,
Einsamkeit und Alleinsein auszuhalten
und einander daraus zu befreien.

Wir danken Gott
für Vergebung bei uns und Versöhnung in der Welt
und für die Kraft,
Fehler, Verletzendes und Schuld einzugestehen
und anderen zu verzeihen.

Du hast uns gestärkt, Gott,
erhalte uns und allen anderen
deine Kraft durch Jesus Christus,
dem wir vertrauen.
Amen

Lied: Herr, gib uns deinen Frieden …

Segenswort
Gott gibt euch Mut und Kraft zum Leben.
Gott ist dabei, wenn wir kommen und gehen
an diesem Tage und alle Tage.
Amen

Orgelnachspiel

Fisch auf den Tisch

Tischabendmahl in Anlehnung
an die Mahlfeier der urchristlichen
Gemeinden   *Doris Agne/Fred Schneider-Mohr*

Früher Abend an Palmsonntag. Das Foyer der Christuskirche in St. Ingbert
ist fast leergeräumt bis auf ein paar Stühle. In der Mitte ein weißgedeckter
Tisch mit Bechern und Gläsern. Rund vierzig Gemeindeglieder haben sich
eingefunden, um in Anlehnung an die Tischgemeinschaft der urchristlichen Gemeinden, die ihre Mahlfeiern in der Tradition eines jüdischen

Fest- oder Sättigungsmahls gestalteten, den Wurzeln eigener Abendmahlstradition nachzuspüren.

Schon die veränderte, ungewohnte Raumsituation stimmt die Ankommenden feierlich, erwartungsvoll. Man begrüßt sich, unterhält sich leise, Wein wird eingeschenkt, eine leichte Spannung, was nun folgen wird, beherrscht die Atmosphäre.

Nach der Begrüßung und einer kurzen Einführung in den Ablauf des Geschehens durch den Gastgeber/die Gastgeberin in der Rolle des Hausvaters (bzw. der »Hausmutter«) bekommt jeder einen Becher Wein gereicht, über den der Segen gesprochen wurde.

Schon im Vorfeld erhält die Mahlfeier ihre besondere Akzentuierung: Wie die Tischgemeinschaft in den urchristlichen Gemeinden jenen unverzichtbaren Kern des Gottesdienstes bildete, in dem die Wohlhabenden ihre Speisen mit den Armen teilten, so soll das Ineinanderverflochtensein von diakonischem Handeln und liturgischer Feier gerade auch hier wirksam werden. Die Einbindung der Kollekte in den liturgischen Ablauf des Gottesdienstes als sichtbares Zeichen diakonischer Verantwortung hat hier ihre Wurzeln.

Vom Foyer geht es zur eigentlichen Tischgemeinschaft in den Kirchraum. Lange Tischreihen, ebenfalls weiß eingedeckt, fügen sich in die Längs- und Querachse des Raumes, indem sie die T-Form des Kreuzes aufnehmen und den Altar in ihren Schnittpunkt integrieren. Zeichenhaft verweist so die Anordnung des Raumes auf das Geschehen selbst: Alles Handeln bei dieser Mahlfeier vollzieht sich in den Koordinaten von Kreuz und Altar, den Zeichen von Gottes heilsamer Gegenwart in Jesus Christus. Die Profanität gemeinsamen menschlichen Essens findet ihre Einbindung in die liturgische Feier, die das Mahl umrahmt.

So beginnt das Mahl mit einer liturgischen Hinführung, Gebet und Segen, der über dem Brot gesprochen wird, mit den Einsetzungsworten Jesu, die zunächst nur zum Brot, am Ende des Mahls zum Kelch gesprochen werden, mit gemeinsamem Vater Unser und Austeilung des Brotes, das jeder stehend empfängt. Danach setzen sich alle, und das Essen beginnt mit einer gemeinsamen Vorspeisenschüssel – kleine Reminiszenz an antike Eßgewohnheiten. Als Hauptmahlzeit wird eine Fischsuppe gereicht, und während der Nachspeise beginnt ein Gespräch zum Thema »Abendmahl«, eingeleitet durch ein Kurzreferat über Entstehung und Sinn der urchristlichen Mahlfeier. Diskussionsstoff bietet die Frage nach dem liturgischen Ort der Kollekte im Gottesdienst. Beendet wird das Mahl mit dem Segen, den Deuteworten über den Wein, der dann wieder stehend empfangen wird, und einem abschließenden Gebet.

Im Vorfeld

Vorausgegangen war diesem Tischabendmahl ein Gemeindeabend zum Thema »Abendmahl«. Im Rückgang auf die Ursprünge der Abendmahlsfeier, auf ihre theologische und liturgische Genese, war versucht worden, neue Einsichten für das eigene Abendmahlsverständnis zu gewinnen. Anknüpfend an seinen ursprünglichen »Sitz im Leben« im Rahmen eines jüdischen Festmahls, erfährt das Abendmahl primär – noch vor der Sündenvergebung – seinen Sinn in der Gemeinschaft der Feiernden miteinander und mit dem so in der Gemeinschaft real präsenten Christus als eschatologisches Freudenmahl. Diese Sichtweise trat aber gegenüber dem starken Interesse vieler Gesprächsteilnehmer an der Frage nach der Sündenvergebung und nach der »Würdigkeit«, mit der das Abendmahl zu empfangen sei, in den Hintergrund. In logischer Konsequenz dieses Abends wurde der Wunsch geäußert, ein Abendmahl in Anbindung an die ursprüngliche Form als Fest- und Sättigungsmahl zu feiern.

Vorüberlegungen zur Gestaltung

Raum und Zeit

Mit der Umgestaltung der Christuskirche von einem funktionalistischen Mehrzweckgebäude zu einem sakralen Kirchenraum (mit angrenzenden Funktionsräumen) artikulierte sich in der Gemeinde auch zusehends das Bedürfnis, den neuen Sakralraum für die liturgische Gestaltung gottesdienstlicher Feiern zu erschließen, sakrale Orte wie den des Abendmahls stärker mit Bedeutung zu vernetzen.

Folgerichtig konnte das Tischabendmahl nur im Kirchenraum stattfinden. Die Anordnung der Tischreihen in T-Form ergab sich fast zwangsläufig aus der Raumkonstellation mit dem Altar im Zentrum. Die Bestuhlung wurde bis auf die Stühle an den Tischen entfernt, so daß viel freier Raum entstand, der Weite vermittelte und das anschließende Geschehen auf die Raummitte konzentrierte. Die weißeingedeckten Tische blieben vorläufig leer, ebenso der Altar.

Im geräumigen Foyer beschränkten wir uns auf das notwendigste Mobiliar: einen Tisch, weißgedeckt, für Gläser, Becher, Wein- und Wasserkrüge sowie ein paar Stühle für die, die nicht gut stehen können.

Da in unserer Kirchengemeinde die Konfirmation nicht an Palmsonntag, sondern am zweiten Sonntag im Mai stattfindet, bot sich dieser Tag an, in bewußter Nähe zu den Ereignissen der Karwoche. Von Gründonnerstag als naheliegendem Termin für diese Feier wurde mit Rücksicht auf traditionell geprägte Sensibilitäten hinsichtlich dieses Tages Abstand genommen.

Bei einem geschätzten zeitlichen Rahmen von zwei bis drei Stunden schien 18 Uhr für den Beginn der Feier der angemessene Zeitpunkt, der Abend die den urchristlichen Mahlfeiern entsprechende Zeit.

Speisen und Getränke

Informationen und Anregungen fanden wir hierzu bei Klaus Berger.[1]

1 Berger, Klaus: Manna, Mehl und Sauerteig. Korn und Brot im Alltag der frühen Christen, Stuttgart 1993, Seite 82 ff.

Eine vollständige Mahlzeit bestand in urchristlicher Zeit aus drei Elementen:
1) Brot, 2) Beikost, 3) Dessert.

Brot wurde nicht trocken gegessen, sondern entweder in Wasser, Wein, Kräutersoße (würziger Wein) oder Essig getaucht; sofern es nicht gesalzen war, reichte man Salz dazu.

Als Beikost aß man Oliven, Trauben, Feigen, häufig auch Zwiebeln oder Gemüse, wenn es erschwinglich war. In der Nähe fischreicher Gewässer und im Milieu von Fischern war Fisch auch für ärmere Leute eine gegebene Beikost. Fleisch als Beikost zum Brot war so teuer, daß nur Wohlhabende es sich leisten konnten. Daraus ergab sich als »Menüfolge« für das Tischabendmahl:

Türkisches Fladenbrot, das dem Fladenbrot im hellenistischen Raum zur Zeit Jesu am nächsten kommt; als Zutat zum Brot eine Vorspeisenschüssel mit einer Joghurttunke (Tsatsiki) und Oliven. Dann in Anlehnung an Fisch als Beikost eine Fischsuppe. Als Nachtisch Früchte (Feigen, Äpfel, Trauben) und Käse. Wein in Kannen und (Mineral-)Wasser in Krügen als Getränke.

Das jüdische Mahl

Hintergrund für den Ablauf der Feier bildet die Abfolge eines gewöhnlichen jüdischen Mahls, das in Übereinstimmung mit 1. Kor 11,24 f. und mit den Überlieferungen bei Markus und Matthäus den Ort für die Anbindung der Einsetzungsworte (Deuteworte) Jesu darstellt (anders bei Lukas, der am ehesten an die besondere Ordnung des Passahmahls anknüpft).[2] Das gewöhnliche jüdische Mahl hat folgende Teile:

1) Vorkost im Vorzimmer: Dies ist nicht das eigentliche Mahl; es gibt noch keine Tischgemeinschaft. Jeder Gast bekommt einen Becher Wein gereicht, über dem er selbst den Segen spricht. Es werden zwei bis drei Vorspeisen gereicht.

2) Eigentliche Mahlzeit im Speisezimmer: Beginn: Der Gastgeber spricht den Segen über das Brot (s. u.), Antwort aller: Amen. Der Gastgeber zerteilt dann das Brot und gibt jedem, er ißt als erster. Nach dem Mahl spricht der Gastgeber ein Tischdankgebet; nach einer Aufforderung zum Beten hebt er seinen Becher eine Handbreit über den Tisch und spricht das Dankgebet.

3) Nachtisch: Gereicht werden Wein, Geröstetes, Süßspeisen.

Für die neutestamentlichen Mahlfeiern und damit für die Gestaltung des Tischabendmahls sind der Segen des Gastgebers über das Brot und das Tischdankgebet mit dem erhobenen Becher am Ende von Bedeutung. An diese beiden Stationen knüpfen die Deuteworte Jesu zu Brot und Kelch an. Diese Deuteworte sind nicht mit dem jeweiligen Segen identisch.[3]

2 Vgl. ebd., Seite 128 ff.
3 Vgl. ebd.

Ablauf der Feier

I. Im Vorraum/Foyer der Kirche

Versammeln der Gäste

Begrüßung durch den/die Gastgeber/in in der Rolle des »Hausvaters«: Diese Rolle muß nicht der Pfarrer oder die Pfarrerin übernehmen, auch Presbyter/innen können hier aktiv werden. Jeder Gast bekommt einen Becher Wein gereicht (für diejenigen, die auf Wein verzichten möchten oder müssen, steht Mineralwasser bereit).

Segen über dem Becher, gesprochen vom Hausvater für alle: »Gesegnet bist du, Herr, unser Gott, König der Welt, der die Frucht des Weinstocks schafft.«[4]

Kurze Einleitung zum nun folgenden Geschehen. Einladung des Hausvaters, Opfergaben herbeizubringen in Analogie zu den Gaben, die die Wohlhabenden in den urchristlichen Gemeinden mitbrachten, um sie mit den Armen zu teilen.
Hier bietet es sich an, die Verbindung zwischen diakonischem Handeln und der gemeinschaftlichen Feier des Abendmahls zu thematisieren. Auch der Verwendungszweck des Opfergeldes sollte in diesem Zusammenhang genannt werden.

Raumwechsel und Einsammeln der Opfergaben
Das Einsammeln der Kollekte kann mit folgenden Worten des »Hausvaters« eingeleitet werden:
»Bringt die Gaben an diesen Tisch, an dem Gott uns bewirten will. Ich bitte, ... die Gaben des Mahls herbeizubringen, und ich bitte jeden einzelnen von Ihnen, die Geldopfer, die wir ... geben wollen, auf diesen Tisch zu legen als eine Gabe an Gott (...).«[5]

II. Im Kirchenraum

Zurüstung
Der Altar und die Tische werden von mehreren gedeckt. Bibel, der Teller mit dem Abendmahlsbrot, die Abendmahlskelche, Opfergaben und Blumen werden auf dem Altar geordnet. Die Altarkerze wird hereingetragen und entzündet. Die Tische werden mit Blumen geschmückt, Kerzen entzündet, Teller mit Brot, Schalen mit Oliven und Joghurttunke (eine Schale für jeweils vier Personen) verteilt. Jeder Gast nimmt seinen Platz ein, indem er sein Glas oder seinen Becher auf dem Tisch abstellt, aber in einigem Abstand hinter seinem Stuhl stehenbleibt.

---

4 nach Berger, Seite 128
5 nach Volp, Rainer, Liturgik, Bd. 2, Gütersloh 1994, Seite 1206

Einleitung zum Abendmahl durch den »Hausvater« (hinter dem Altar stehend):

Ein Mensch wie Brot
Er lehrte uns die Bedeutung und Würde
des einfachen und unansehnlichen Lebens
unten am Boden
unter den armen Leuten
säte er ein
seine unbezwingbare Hoffnung.

Er kam nicht zu richten sondern aufzurichten
woran ein Mensch nur immer leiden mag
er kam ihn zu heilen

Wo er war
begannen Menschen freier zu atmen
Blinden gingen die Augen auf
Gedemütigte wagten es zum Himmel aufzuschauen
und Gott
ihren Vater zu nennen
sie wurden wieder Kinder
er rief sie alle ins Leben.

Er stand dafür ein
daß keiner umsonst gelebt
keiner vergebens gerufen hat
daß keiner verschwindet namenlos
im Nirgends und Nie
daß der letzte noch
heimkehren kann als Sohn.

Er wurde eine gute Nachricht
im ganzen Land ein Gebet
ein Weg den man gehen kann
ein Licht
das man in Händen halten kann
gegen das Dunkel.

Ein Mensch wie Brot
das wie Hoffnung schmeckt
bitter und süß.

Ein Wort das sich verschenkt
das sich hingibt wehrlos
in den tausendstimmigen Tod
an dem wir alle sterben.

Ein Wort
dem kein Tod gewachsen ist
das aufersteht und ins Leben ruft
unwiderstehlich
wahrhaftig dieser war Gottes Sohn.
Lothar Zenetti (aus: L. Zenetti, Sieben Farben hat das Licht, J. Pfeiffer Verlag, München)

Vater Unser

Lied:
Christe, du Lamm Gottes (Gesang ohne instrumentale Begleitung)

Eucharistisches Gebet[6], gesprochen vom »Hausvater«:
Wir loben dich, Gott des Himmels und der Erde.
Du hast dich über deine Geschöpfe erbarmt
und Jesus Mensch werden lassen.
Wir danken dir für die Erlösung,
die er am Kreuz für uns vollbracht hat.
Wir bitten dich:
Sende auf uns herab die Kraft des Heiligen Geistes,
Heilige und erneuere uns an Leib und Seele,
damit wir unter diesem Brot und Wein
den Leib und das Blut Christi
zu unserem Heil empfangen,
wenn wir jetzt tun, was er geboten hat.

Brotsegen
Gesegnet bist du,
Herr, unser Gott,
König der Welt,
der hervorbringt
Brot aus der Erde.[7]

Einsetzungsworte zum Brot
(Dabei nimmt der Hausvater das Brot und bricht es):
Dein Sohn Jesus Christus nahm das Brot,
dankte so und brach es,
gab's seinen Jüngern und sprach:
Das ist mein Leib.
Austeilung des Brotes, das jeder stehend empfängt. Danach setzen sich alle.

---

6   nach dem Eucharistischen Hochgebet in der Lutherischen Agende I, abgedruckt
    bei: Volp, Liturgik, Bd. 2, Seite 1209
7   Berger, Seite 109, Anm. 233: Mishna Berakhot 6, 1

58

Gemeinsames Taizélied: Laudate omnes gentes (EG 181.6)

Gemeinsames Essen

Vorspeise aus gemeinsamen Schalen. Gespräche werden aufgenommen, es entwikkelt sich eine heiter-angenehme Atmosphäre. Danach wird die Fischsuppe aufgetragen, wobei sich alle beteiligen und aus Nebenraum und Küche hereintragen, was noch fehlt: Teller, Löffel, weitere Teller mit Brot, Wasser und Wein. Es geht sehr ruhig dabei zu, ohne Hektik und Gerenne.

Kurzreferat (hier des Hausvaters)
als Einleitung zum Tischgespräch

Das Referat kann hier nur stichwortartig wiedergegeben werden:
Zum Begriff »Brotbrechen«: Terminus für die Mahlzeiten der Christen im Unterschied zu den Mahlzeiten im außerjüdischen Bereich, bei denen es keinen gemeinsamen Anfang durch das Brotbrechen gab und auch keine vergleichbare Rolle wie die des Hausvaters (Erkennungsmal aller Arten von christlichen Mahlzeiten); bezeichnet zunächst alle Mahlzeiten der Christen, die aber den besonderen Ausdruck ihres Christseins und dessen Mitte darstellen; entscheidende Erinnerung an Jesus (Emmaus!). Auf diese Weise hat er Menschen um sich versammelt (Brotvermehrungsgeschichten).

Brotbrechen ist wegen der besonderen Rolle des Hausvaters bzw. dessen, der das Brot bricht, entscheidend für das christliche Amt geworden. Jesus ist im Jüngerkreis der Hausvater; daher spricht er den Segen über das Brot zu Beginn der eigentlichen Mahlzeit, teilt und verteilt es.
Neu: Jesus identifiziert das Brot in den Händen seiner Jünger mit sich selbst, mit seiner ganzen Person. Die Aussage: »Das ist mein Leib« heißt: »Das bin ich mit meiner ganzen Person«. Schlichteste und am wenigsten überfrachtete Auslegung: So wie dieses Brot den Jüngern ausgeteilt wurde, so ist Jesus für die Jünger da. Vgl. Joh 6,51 Jesus ist »Brot für das Leben der Welt«. Vergleichspunkt zwischen Jesus und Brot macht deutlich: in den Deuteworten ist nicht an den Tod Jesu gedacht, auch nicht in der paulinischen Fassung, sondern daran, daß Jesus für die Jünger Leben ist, ihnen ganz und gar dient wie das Brot, darum: »für euch« gegeben. Das Brotwort blickt zurück auf das ganze Leben Jesu, erst das Becherwort auf seinen Tod (vgl. 1. Kor 11,26). Gemeinschaft mit Gott und Jesus Christus durch das Abendmahl, weil darüber der Segen Gottes gesprochen wird (Heiligung des Brotes). Charakter als Herrenmahl: In den Segensworten wird Jesu gedacht. Nähe von Abendmahl und Taufe – Zeichenhandlungen, die herzuleiten sind aus der alttestamentlichen und jüdischen Vorstellung von der unfehlbaren Wirkkraft Gottes, der im Segen angerufen und benannt wird. Als solche haben die Zeichenhandlungen enorme soziale Konsequenzen: dauerhafte Zugehörigkeit zur Gemeinde, Verbundenheit zum »einen Leib« (1. Kor 10 f.).

Nachspeise (nach Beendigung des Referats)

Tischgespräch
Es entfaltet sich eine lebhafte und kontroverse Diskussion um den Ort und die Einbindung der Kollekte in den sonntäglich üblichen Gottesdienstablauf. Manche stört das Geldgeklimper und die Tatsache, daß das Geld auf den Altar gelegt und damit für die Gemeinde sichtbar wird. Ein gewichtiges Gegenargument liefert der Hinweis, daß, seit Einbindung der Kollekte in die Liturgie, d. h. seitdem sie während des Gottesdienstes eingesammelt und nicht mehr als »Austrittsgeld« erhoben wird, das Opfergeld um 59% gestiegen ist. Das macht deutlich, wieviel stärker die Verknüpfung von Liturgie und Diakonie ins Bewußtsein getreten ist. (Während des Essens war die zu Beginn eingesammelte Kollekte gezählt worden; der Betrag wurde nun bekanntgegeben).

Gemeinsames Taizélied

Aufstellen
wie zu Beginn des Mahls, um den Kelch zu empfangen.

Beschluß
mit dem Kelchwort, gesprochen vom Hausvater:
Gesegnet bist du,
Herr, unser Gott,
König der Welt,
der die Frucht des Weinstocks schafft.

Einsetzungsworte zum Wein:
Dein Sohn Jesus Christus spricht:
»Dies ist mein zum Sterben für die große Schar der Vielen bestimmtes Leben.«
Der Kelch wird herumgereicht (mit einer Serviette zum Abwischen).

Dankgebet[8]:
Gott des Lebens!
Wir danken dir für die Einladung an deinen Altar
und für deine Nähe,
die du uns unter Brot und Wein geschenkt hast.
Uns wird es im täglichen Leben gar nicht bewußt,
daß wir unendlich viel mehr empfangen als geben.
Du hast uns mit diesem Mahl die Ruhe geschenkt,
uns zu vergegenwärtigen, was du uns alles schenkst:
Gemeinschaft mit dir,

---

8 nach Kaltschnee, Günter, in: Domay, Erhard (Hrsg.): Gottesdienst Praxis. Serie B. Abendmahl, Gütersloh 1993, Seite 157, abgeändert bzw. erweitert um die Fürbitte für die notleidenden Menschen im Sudan, für die die Kollekte bestimmt war.

Freiheit von Schuld,
Teilnahme am Heilwerden,
Erfrischung und Stärkung.
Wir danken dir für deine Liebe zu uns Menschen,
die in diesen Geschenken spürbar wird.
Laß uns in deiner Liebe verbunden bleiben,
verbunden mit unseren Menschengeschwistern im Sudan,
die nach Leben hungern,
nach Sattwerden und Geheiltsein.
Lege deinen Segen auf unser Tun,
daß es zum Segen werde für andere,
daß es geschehe zu Deiner Ehre,
heute und alle Tage. Amen.

Segen

Verwendete Literatur
Berger, Klaus: Manna, Mehl und Sauerteig. Korn und Brot im Alltag der frühen
Christen, Stuttgart 1993
Bieritz, Karl-Heinrich: Im Blickpunkt: Gottesdienst, Berlin 1983, Seite 33–65
Enzner-Probst, Brigitte/Felsenstein-Roßberg, Andrea (Hrsg.): Wenn Himmel und
Erde sich berühren. Texte, Lieder und Anregungen für Frauenliturgien, Gütersloh
1993, Seite 98 f.
Domay, Erhard (Hrsg.): Gottesdienst Praxis. Serie B. Abendmahl, Gütersloh 1993,
Seite 157
Roloff, Jürgen, Neues Testament, 1977
Volp, Rainer: Liturgik, 2 Bde., Gütersloh 1992–94, Seite 252–255, Seite 1183 ff.

Das Abendmahl – wie kommen wir an Jesu Tisch?

Vorstellungsgottesdienst der Konfirmandinnen
und Konfirmanden   *Helmut Siegel*

Materialien:
1) Leonardo da Vinci, Das Abendmahl. Beilage zu KU-Praxis Nr. 9, Gütersloher
Verlagshaus Gütersloh 1978
2) Das »nachgestellte Abendmahl«: Konfirmanden stellen anhand der Darstellung
Leonardo da Vincis möglichst genau die von Leonardo gemalte Szene nach, und es
wird ein Dia davon gemacht.
3) Abendmahlsbild (Wandbehang) der Christus-Bruderschaft Selbitz, von dort zu
beziehen, auch Postkarten des Motivs als Handbilder zu erwerben.

Musik zum Eingang

Begrüßung
Hinweis zum Abendmahl (durch 3 Personen):
1: stellt die Mädchen vor
2: stellt die Jungen vor
3: Abkündigungen

Lied

Gebet
Die Nummern und Spiegelstriche (s. u.) können auf Sprecher und Sprecherinnen verteilt werden
1: Laßt uns beten!
Gott des Lebens, wir sind hier zusammengekommen, weil wir dein Wort hören und verstehen wollen. Du kennst unsere Zweifel und unseren Unglauben. Darum bitten wir dich als erstes: Schenke uns Glauben an dich.
2: Wir wollen miteinander Abendmahl feiern und bitten dich: Laß uns deine Gegenwart spüren in Brot und dem Saft der Trauben und segne du uns.
1: Segne du alle, die hier versammelt sind, und sei mit deinem Schutz auch bei denen, die nicht hier sein können. Amen

Darstellung des Themas »Abendmahl« durch Konfirmandinnen und Konfirmanden

- Essen in der Kirche – manchem kommt diese Verbindung seltsam vor: Kirche und Essen. Dabei steht im Zentrum der Kirche ein Tisch, der Altar. Und eines der Haupdinge in der Kirche ist: das Abendmahl feiern, essen und Trinken am Tisch Jesu.
- Es ist nicht verwunderlich, daß das Essen des Brotes in der Kirche so wichtig ist, denn Brot ist ein starkes Zeichen, ist ein Symbol. Auf unserer Freizeit haben wir überlegt, was denn alles »Brot« sein kann, was alles so lebensnotwendig ist wie Brot, wofür »Brot« als Zeichen stehen kann: Das alles ist »Brot«.
(Die Jugendlichen berichten aus der Freizeit).
- Brot – Zeichen der Gemeinschaft, gemeinsames Essen: Zeichen für die Vergebung, beides spielt in Geschichten der Bibel eine wichtige Rolle. So wie das Essen miteinander überhaupt eine wichtige Rolle spielt in den Geschichten, die uns von Jesus erzählt werden. Folgendes steht bei Lukas:

Lesung Lukas 19,1–10

- Das Essen hat in der Geschichte folgende Bedeutung: Durch die gemeinsame Mahlzeit mit Jesus wird ihm deutlich gemacht: Gott verstößt ihn nicht, sondern nimmt ihn wieder an. Die Frommen finden das unmöglich, weil sie meinen, erst müsse jemand seine Schuld wieder gutmachen, ein frommes Leben führen, bevor Gott ihn annehmen kann. Jesus hält ihnen die Liebe Gottes entgegen, die auf den Menschen zugeht und ihm die Möglichkeit eröffnet, wieder ein richtiges Leben zu führen, gefunden zu werden. Die Gemeinschaft mit Gott, die er durch das Essen mit Jesus erfährt, macht ihn frei von seiner Vergangenheit und gibt ihm Kraft, sich zu ändern.
- Schön und gut, meinen Sie, nur: Wo ist das heute zu erfahren? Das Ganze spielt ja vor fast 2000 Jahren. Wo wird uns heute gezeigt: Gott kommt zu mir, er nimmt mich an, wie ich bin, er vergibt mir meine Schuld? Ja, das ist die Frage. Wie kommen wir an Jesu Tisch? So wie Zachäus – das geht für uns ja nicht mehr!

Lied

- Wie wichtig Jesus die Tischgemeinschaft mit seinen Jüngern war, zeigt der letzte Abend seines Lebens. Er sitzt zum letzten Mal mit seinen Jüngern an einem Tisch, der Verräter ist nicht ausgeschlossen, sondern dabei. Und weil Jesus weiß, was auf ihn zukommt, ist dieses Essen ein besonderes Essen. Er verbindet das, was gegessen wird, mit seinem Geschick. Das Brechen des Brotes, das Trinken des Weines aus einem Kelch bekommen eine neue Bedeutung. Hören Sie selbst:

Lesung Mt 26,17–23. 25–29

- Wir wissen nicht, wie oft diese Szene gemalt worden ist. Aber eine der berühmtesten Darstellungen stammt von Leonardo da Vinci. Mit seinem Bild »Das letzte Abendmahl« haben wir uns beschäftigt.
Dia wird gezeigt
- Den Augenblick höchster Erregung hat Leonardo gemalt: Gerade hat Jesus angekündigt, daß ihn einer der Jünger verrät wird. Einige sind aufgesprungen und reden laut und heftig, andere diskutieren, wieder andere haben ihren Platz verlassen und fragen Jesus: »Bin ich es etwa?« Nur Jesus ist ruhig, er scheint ganz versunken zu sein, gar nicht mehr richtig da. Denkt er an das, was ihm bevor steht? Überlegt er, wie er die Jünger, die er verlassen muß, trösten kann und stärken? Wir wissen es nicht.
- Aber wir haben uns gedacht: In diesem Bild können wir uns wiederfinden. An diesem Tisch haben wir Platz. Auch wir gehören ja durch die Taufe zu Christus, und wir sind wie die Jünger, mal überzeugt, dann wieder schwankend und voll Zweifel, auch wir verraten Jesus oft genug, verleugnen ihn, verlassen ihn – wie seine Jünger. Er stößt sie nicht hinaus, sagt nicht: »Ich will mit euch nichts zu tun haben!« Er wird auch uns nicht ver-

stoßen von seinem Tisch. Darum sind wir in die Rollen der Jünger geschlüpft.

Dia »Das nachgestellte Abendmahl« wird gezeigt.

– Auch wenn es seltsam aussieht und erst zum Lachen reizt, es war mehr als ein Spiel für uns. Ein wenig ist es der Versuch, eben auch an Jesu Tisch zu kommen, bei ihm unseren Platz zu finden.

– Nur: Es ist ein untauglicher Versuch. Es war eben damals das *»letzte Mahl«* Jesu mit seinen Jüngern. Eine Wiederholung dieses Essens gibt es nicht, und so stellen wir eben nur nach, tun so als ob. Jesus ist gestorben am Tag nach diesem Essen, wie könnten wir dann mit ihm an einem Tisch sitzen, so wie seine Jünger? Gibt es einen Weg, der nicht nur so tut als ob, der nicht einfach leugnet, daß seitdem 2000 Jahre vergangen sind? Das ist die Frage.

Lied

– Gibt es einen Weg an Jesu Tisch? Vielleicht spielt für viele Christen das Abendmahl deswegen keine Rolle mehr, ist ihnen fremd, weil sie nur den Abstand sehen zwischen Jesus und uns. Gibt es eine Tischgemeinschaft mit jemandem, der gestorben ist? Oder sind dann alle Abendmahlsfeiern nur Gedächtnisessen, zur Erinnerung an den toten Jesus?

– So sieht es aus, erst einmal. So sah es auch für seine Jünger aus, nach seiner Kreuzigung. Bis, ja bis sie Ungeheuerliches erlebten. Lukas hat ein solches Erlebnis aufgeschrieben:

Lesung Lk 24,13–21. 25–35

– Was bedeutet diese Geschichte? Durch das Brotteilen mit Jesus erkannten sie: Jesus lebt, er hat von Gott neues Leben bekommen, ein Leben, in dem er anders ist als früher und doch derselbe. Er ist geblieben, in dem Gott bei ihnen ist. Darum haben sie nun keine Angst mehr, sie wissen: Der Tod hat Jesus nicht festhalten und besiegen können, Jesus lebt. Das erzählen sie den anderen Jüngern.

– Das ändert eben alles. Daß Jesus nicht tot blieb, sondern ein neues Leben geschenkt bekam, das macht Gemeinschaft mit ihm möglich, macht möglich, mit ihm an einem Tisch zu sitzen, anders als die Zöllner, auch anders als die Jünger am letzten Abend seines Lebens, ja, aber: dieselbe Gemeinschaft.

– Ein Künstler aus unserer Zeit hat versucht, dies bildlich darzustellen. Seine Darstellung – es ist ein Wandbehang in einer Kirche – sieht so aus:

Dia des Wandbehangs der Christus-Bruderschaft Selbitz wird gezeigt.

– Übergroß und ohne Gesicht ist der auferstandene, lebendige Christus dargestellt. Er ist, als der Herr des Alls, nicht an den Raum gebunden, ist gleichzeitig im Vordergrund und Hintergrund. Unzweifelhaft ist er der

Gastgeber für die, die an dem Tisch sitzen, er umfaßt sie, alle sind von ihm geschützt und angenommen. Auch die 12 an diesem Tisch haben kein Gesicht, es kann jeder sein, auch jeder von uns. Vorn am Tisch ist zudem noch Platz, Platz für den, der kommen will, um sich vom lebendigen Christus stärken, schützen, vergeben zu lassen.
– So kommen wir also an Jesu Tisch, als Gäste des *auferstandenen* Jesus, nicht des Jesus, der vor langer Zeit lebte. Nicht wir müssen künstlich den Abstand überbrücken, sondern er überbrückt den Abstand, weil er nicht an Raum und Zeit gebunden ist.
– So ist Jesus der unsichtbare Gastgeber bei jedem Abendmahl, das gefeiert wird. Nicht zu sehen und doch da, so sicher wie wir das Brot kauen, den Wein oder Saft schlucken. Und an seinem Tisch ist für jeden Platz, keine Schuld, die nicht vergeben werden könnte, kein Zweifel, der von ihm trennt. Platz für Sie, Platz für uns.

Lied

– Wir sind eingeladen, Gäste des Auferstandenen zu sein, mit ihm und untereinander Gemeinschaft zu haben. Wenn wir Abendmahl feiern, dann setzen wir uns nicht mit den Jüngern von damals gleich. Aber wir stellen uns mit ihnen in eine Reihe. Wenn wir Abendmahl feiern, dann denken wir auch an das Geschick, daß Jesus erlitten hat, durch uns Menschen und für uns Menschen. Denn so war es damals, beim ersten Abendmahl. Sie können die Worte mitlesen, wir haben sie auf der Freizeit gestaltet, in unterschiedlichen Schriften sorgsam gemalt, um sie uns einzuprägen:
Unser Herr Jesus Christus,
in der Nacht,
da er verraten ward,
nahm er das Brot,
dankte und brach's
und gab es seinen Jüngern
und sprach:

Vikar/in:
Nehmet hin und esset. Das ist mein Leib, der für euch gegeben wird. Solches tut zu meinem Gedächtnis.

Ebenso
nahm er auch den Kelch
nach dem Abendmahl
dankte
und gab ihnen den
und sprach:

Vikar/in:
Nehmet hin und trinket alle daraus. Dieser Kelch ist der neue Bund, geschlossen durch mein Blut, daß für euch vergossen wird zur Vergebung der Sünden. Solches tut, sooft ihr's trinket, zu meinem Gedächtnis.

– Laßt uns beten!
Gott, wir danken dir für die Gabe des Brotes. Es ist ein Zeichen dafür, wie du immer wieder gibst, was wir zum Leben brauchen. Schenke uns, daß es ein Zeichen für die Gegenwart Christi wird, daß die Gemeinschaft mit ihm und unsere Gemeinschaft untereinander uns stärkt an Leib und Seele.
– Wir danken dir für die Gabe des Weinstocks. So wie aus vielen Trauben dieser Saft gemacht ist, zur Erquickung und Stärkung, so gib, daß wir durch dich und durch unsere Gemeinschaft erquickt und gestärkt werden an Leib und Seele. Amen

Vikar/in erklärt die Art der Austeilung.
Das Brot durch die Reihen geben.
Die Kelche durch die Reihen geben.

Gebet
Laßt uns beten!
Herr Jesus Christus! Wir danken dir, daß wir deine Gäste sein durften. Wie du beim Abendmahl da bist, ist dein Geheimnis. Wir verstehen es nicht, aber wir brauchen deine Nähe.
Wir bitten dich: Bleibe du bei uns und geh mit uns in unseren Alltag. Mach uns stark, daß wir nach deinem Willen leben können, daß unser Handeln, Reden und Denken durch dich geleitet wird. Amen

Lied

Pfarrer/in erklärt den Gebetsruf der Gemeinde, dann:
Laßt uns beten!
– Unser Gott! Wir sehen im Fernsehen, wie viele Menschen von Krieg und Gewalt bedroht sind, in Israel, in Bosnien, in Lateinamerika und Rußland. Wir bitten dich, daß du uns Frieden gibst. Schenke den Politikern und Politikerinnen die richtigen Ideen, den Mut zum richtigen Handeln und allen Menschen die Sehnsucht nach dem Ende der Gewalt. Wir rufen zu Dir: Herr erbarme dich!
– Wir wissen, viele Menschen auf der Erde haben nicht genug zu essen, durchwühlen die Mülltonnen, um ihren Hunger zu stillen, müssen verhungern. Wir bitten dich, daß den Armen nicht noch mehr Leid widerfährt. Öffne du die Herzen aller, die mehr besitzen als sie zum Leben brauchen, damit sie teilen und abgeben lernen. Wir rufen zu Dir: Herr erbarme dich!

– Wir wissen, daß viele Menschen einsam sind und unter dieser Einsamkeit leiden und verzweifeln. Wir bitten dich, daß sie Freundinnen und Freunde finden, Menschen, die ihnen zeigen, daß sie wichtig sind und ihr Leben einen Sinn hat, und laß uns solche Menschen sein, wo immer wir können. Wir rufen zu Dir:
Herr erbarme dich!
– Wir wissen, viele Menschen sind krank, mancher liegt im Sterben. Wir bitten dich: Gib du den Kranken Kraft im Kampf gegen ihre Krankheit und sei du den Sterbenden nahe. Und wo du uns dazu brauchst, da gib uns die Kraft und den Mut dazu. Wir rufen zu Dir:
Herr erbarme dich!

Pfarrerin/Pfarrer (P):
Das alles bringen wir vor dich, Gott, im Namen Jesu Christi. Er hat uns gelehrt, so zu dir zu beten:
Vater unser

P: Gehet hin im Frieden Gottes!
Gemeinde (G): Gott sei ewiglich Dank!
P: Gott segne dich und behüte dich,
Gott lasse leuchten das Angesicht über dir und sei dir gnädig,
Gott erhebe das Angesicht auf dich und gebe dir Frieden.
G: Amen

Am Schluß wird zu einem Getränk und zu einem Gespräch über den Gottesdienst im Anschluß eingeladen.

Anmerkung
Der Entwurf des Gottesdienstes wurde auf einer dreitägigen KU-Freizeit erarbeitet.

An Jesus war etwas Besonders

Abendmahlsfeier und Tauffeier
mit Konfirmandinnen und Konfirmanden   *Berthold W. Haerter*

Begrüßung
Gnade sei mit Euch und Friede von Gott und Jesus Christus, d. h.: Erinnert Euch, Gott vergibt Euch und bietet Euch seinen Frieden an. Amen
Wir wollen den ersten Abschnitt unseres Konfirmandenunterrichtes mit einer kleinen Andacht abschließen.

Heute erleben wir gemeinsam, was wir theoretisch in den letzten drei Stunden besprochen haben:
- einen kleinen Gottesdienst
- die Taufe von drei unserer MitkonfirmandInnen
- und das gemeinsame Abendmahl.
Ich freue mich, daß auch einige Eltern den Weg hierher gefunden haben.

Kanon: Wo zwei oder drei in meinem Namen versammelt sind (T/M: Kommunität Gnadenthal; aus Mosaik 1–4/5, Präsenz-Verlag, Gnadenthal)

Gebet
Gott des Lebens,
die Andacht, sie hat etwas Eigentümliches, Merkwürdiges.
Bitte befreie uns von unserer Verlegenheit und Unsicherheit.
Laß uns in dieser Stunde einfach hier sein,
unser Zusammensein erleben, unser Miteinander feiern.
Amen

Taufansprache, Taufe, Taufgebet

Lied: Daß Du mich einstimmen läßt in deinen Jubel (EG 597)

Diabetrachtung
zu Leonardo da Vinci: Das Abendmahl
(Dia aus »ku-Praxis für die Arbeit mit Konfirmanden 9, Abendmahl«, Gütersloh 1978, 2. Auflage 1981)
Das Bild, das Ihr an der Wand seht, befindet sich in Mailand, im Dominikanerkloster San Maria delle Grazie. Es füllt die ganze Stirnseite des Speisesaales aus und stellt das Abendmahl da. Leonardo da Vinci malte sehr langsam. Folgende Geschichte soll sich dabei zugetragen haben. ...

Erzählung
(gekürzt) nach: Helmut Ludwig, Du kannst dich nicht entschuldigen, Kurzgeschichten zum Lesen und Vorlesen, Christlicher Zeitschriftenverlag Berlin 1980, Die schreckliche Verwandlung. Die Entstehung des Wandbildes von Leonardo wird in dieser Geschichte geschildert: die Beauftragung durch Lodovico Sforza, die Suche nach Modellen, die Arbeit am Bild ...
»Morgen sollte das Werk begonnen werden.
Aber es wurde nicht am folgenden Tag angefangen. Leonardo war schon am ganz frühen Morgen auf den Beinen und schlenderte durch die Gassen, aufmerksam Ausschau haltend. Er suchte einen Menschen, der ihm Modell stehen sollte. Mit dem Schwersten wollte der Meister beginnen, mit der Christusfigur, die das Wesen und den Mittelpunkt des Werkes ausmachen sollte. Leonardo kam über den Marktplatz, nachdem er stundenlang die morgenfrühen Straßen und Gassen durchwandert hatte. Er suchte und suchte ... Tagelang suchte der Meister vergeblich. Tagelang fesselte ihn die Suche nach dem Menschen, der die Züge des sterbebereiten und doch lebensreifen Christus in seinem Gesicht geschrieben trug.

An der Stadt fließt der Olona vorüber. Leonardo war wieder auf der Suche. Da kamen ihm die Marktweiber mit ihren Körben entgegen, gefüllt mit den Erzeugnissen des Landes. Sie schwatzten und erzählten laut von der Überfahrt mit dem Fährboot. Leonardo kam näher heran und entdeckte im Boot den jungen Fährmann, wie er fest stand auf dem schwankenden Nachen. Wie er den Frauen beim Aussteigen half. Wie er umsichtig und gewandt die lange Stange ergriff, um sich hinüberzustaken über den Fluß. Und da wußte der Meister: Der ist es, den ich suche. Der und kein anderer. Der Fährmann. War er nicht berufsverwandt mit Christophorus, dem Christusträger? Trug der nicht in der Tat die Züge Christi, so wie er ihn sich vorgestellt hatte? Stand er nicht im Fährboot wie ein Herr über Wind und Wellen? Reichte er nicht den Frauen die rettende Hand zum Ufer? War das nicht alles gleichnishaft?«

So sah Leonardo Jesus. So verstand er ihn: ein Mensch unter anderen Menschen. Aber etwas Besonderes war an ihm: Jesus meinte es gut mit allen Menschen. Er gibt allen, was sie zum Leben brauchen: Trost, Hilfe und Nahrung. Ja: Er opferte sich sogar für die Menschen auf. Er ließ sich verleugnen und kreuzigen.

Wir wollen wie Jesus sein, der es mit allen Menschen gut meint. Aber oft sind wir auch wie Judas, der aus gutem Willen, weil er endlich will, daß Jesus seine Macht zeigt, scheinbar alles falsch macht. Im Abendmahl bitten wir Gott, daß er uns das vergibt, was wir falsch gemacht haben. Wir versprechen aber auch, aus unseren Fehlern zu lernen und uns zu verändern. Wir feiern dieses Abendmahl als eine Gruppe Menschen, in der jeder seine Stärken und Schwächen hat. Trotzdem sind wir eine Gemeinschaft. Abendmahl will jeden einzelnen und unsere Gruppe stärken. Im Abendmahl erinnern wir uns aber auch an Jesus, sein Leben, Reden und Handeln, so wie das Bild die Mönche an Jesus und das erste Abendmahl erinnern sollte.

Einsetzungsworte

Lied: Gott lädt uns ein zu seinem Fest, laßt uns gehn (Leben im Schatten, T./M.: Manfred Siebald, Hänssler Verlag Stuttgart)

Gebet
Gott des Lebens,
Du hast uns im Abendmahl gezeigt, daß Du uns liebst.
Wir feiern dieses Abendmahl als Erinnerungsmahl an Jesus Christus.
Wir feiern dieses Abendmahl als Stärkung für uns, der Du uns nicht allein lassen willst.
Wir feiern dieses Abendmahl als Gemeinschaft, weil wir alle Suchende in unserem Leben sind.
Du, Gott, gibst uns Zeit, über uns nachzudenken.
In der Stille wollen wir überlegen, wo wir Fehler gemacht haben und was wir in unserem Leben positiv verändern können.

Stille

Gott, Du vergibst uns durch Jesus Christus.
Laß uns nun Dein Abendmahl als Dein Angebot von neuem Leben feiern.
Amen

Worte zu Brot und Wein (in Anlehnung an das Kirchenbuch der Ev.-Ref.
Landeskirche des Kantons Zürich)

Das Brot, das wir brechen,
ist die Gemeinschaft des Leibes Christi.
Nehmet und eßt vom Brot des Lebens.

Jeder bricht sich ein Stück von einem großen Fladenbrot ab

Wie dies ein Brot war, so sind wir alle ein Leib,
denn wir sind alle des einen Brotes teilhaftig.

Der Kelch, für den wir danksagen,
ist die Gemeinschaft des Blutes Christi.
Nehmt und trinkt vom Kelch des Heils.

Jeder trinkt aus dem Abendmahlskelch (Traubensaft)

Dankgebet
nach dem Abendmahl
Gott des Lebens,
wir danken Dir, daß Du unsere Gemeinschaft gestärkt hast.
Nach unserem gemeinsamen Erleben auf dem Pilgerweg und dem Erzählen
zu Hause beschäftigen wir uns gemeinsam mit Dir und dem christlichen
Glauben.
Laß uns nicht müde werden und gib uns miteinander Geduld.
Wir danken Dir, daß wir eine Gruppe sind, die zusammen gehört.
Laß uns nicht vergessen, daß wir nur so stark sind wie unser schwächstes
Glied.

Vater Unser / Segen nach D. Bonhoeffer: Von guten Mächten ...

Lied mit gospel-feeling (bei den KonfirmandInnen sehr beliebt): Wir
machen uns auf den Weg (Text: Thomas Laubach, Musik: Thomas Quast,
tvd-Verlag Düsseldorf)

Tischabendmahl vor dem Tag der Konfirmation

Heinz-Martin Dormann

Theologische Charakteristik

Das übliche »erste« Abendmahl im Konfirmationsgottesdienst wurde aus diesem ausgegliedert, da eine Erstzulassung zum Abendmahl bei der Konfirmation theologisch nicht haltbar ist. Die Kirchengemeinde Mering läßt die Kinder ohne Altersbeschränkung zum üblichen Abendmahl zu. Das Abendmahl wird in der Form eines Tischabendmahles mit anschließendem gemeinsamen Abendessen vor dem Konfirmationssonntag mit den Eltern und Jugendlichen gefeiert. Am Sonntag ist dann der Konfirmationsgottesdienst, der von den Jugendlichen unter der Anleitung des Pfarrers mit Konfirmandenhelfern und -helferinnen (Diakon/in, Kirchenvorsteher) selbst gestaltet wird.

Organisation und Verlauf des Tischabendmahles

Vorbemerkungen

Das Tischabendmahl wird als eine Feier der Eltern mit ihren Konfirmanden und Konfirmandinnen in der Form eines Beichtgottesdienstes abgehalten. Als Ergebnis der historisch-kritischen Forschung am Neuen Testament ergibt sich, daß diese Form des Abendmahles nicht auf eine Form der Kirche zurückzuführen ist, sondern genuin jesuanisch ist. Jesus übernimmt die Pascha-Tradition, deutet aber dieses Mahl als Erinnerungsmahl nun auf sich selbst. Dem »letzten Abendmahl« mit seinen Jüngern folgt das im Orient übliche gemeinsame Abendessen als Gemeinschaftsmahl. An diese jesuanische Tradition wird bewußt beim Tischabendmahl mit den Konfirmandinnen und Konfirmanden angeschlossen. Das Zentrale ist: das Erleben des Abendmahles als Gemeinschaftsmahl. Der Vorteil gegenüber dem üblichen Abendmahlsgang zum Altar liegt in der Kommunikationsmöglichkeit der Zielgruppe Eltern mit ihren Jugendlichen. Nach orientalischem Vorbild wird Gemeinschaft nirgends so intensiv erlebt wie beim gemeinsamen Essen und Trinken. Das Tischabendmahl ist ein »intimes« Mahl. Die zarten, meditativen Töne werden angeschlagen. Der Gottesdienstraum wird, wenn nötig, verdunkelt. Findet das Mahl am Abend statt, erübrigt sich dies. Die Bänke bzw. Stühle werden um ein großes Kreuz aus Tischen gestellt. Dieses Symbol hat eine eminente Wirkung auf die Gäste. Die Abendmahlsgemeinde sitzt um das Kreuz Christi. Die Tische werden mit weißen Tischtüchern gedeckt. Violette Bänder aus Seide verlaufen längs in der Tischmitte (Kreuzform). Violette Kerzen in ca. einem Meter Abstand geben einen festlichen Anstrich. Ebenso werden ca. alle zwei Meter in Violett gehaltene kleine Blumengestecke auf den Tischen verteilt.

Die Abendmahlsordnung liegt für jeden Abendmahlsgast auf seinem Platz bereit. Zum Reinigen des Kelches werden ca. alle vier bis fünf Sitzplätze Tücher oder Papierservietten bereitgelegt. Das Abendmahlsgeschirr ist am Platz des Leiters/der Leiterin des Abendmahles zugedeckt, aber einsatzbereit, plaziert. In kleine Scheiben geschnittenes französisches Weißbrot wird in zwei Körben bereitgestellt. Alle technischen Geräte (Diaprojektor, Stereoanlage, Leinwand) sind einsatzbereit aufgestellt. Die Kirchengemeinde sorgt für die Getränke des anschließenden Abendessens (Mineralwasser, Colamix für die Jugendlichen, Wein des vorangegangenen Abendmahles). Die Mütter werden in einem vorher abgehaltenen Konfirmandenelternabend gebeten, für den Eigenbedarf der Familie auf Platten belegte Brote oder Brötchen mitzubringen. Diese Platten werden beim Eintreten in den Gottesdienstraum den Müttern abgenommen. Auf dem Altartisch (evtl. mit Plastikfolie abdecken) sind die Teller gestapelt, ebenso ist das Besteck bereitgelegt und ein Teil der Weinflaschen bereits entkorkt.

Verlauf des Tischabendmahles

Orgelvorspiel (oder Kirchenchor, Flötengruppe oder Bläser)

Lied: EG 168,1–3 Du hast uns Herr gerufen

Gemeinsames Beichtgebet: EG 707.3

Beichtfragen und Lossprechung: EG 708

Lied: Du lädst uns Herr zum Male ein (in: Gottesdienstpraxis Serie B Passion, Gütersloh 1983, Seite 101)

Diameditation: Das letzte Abendmahl

Lied: Für mich gingst du nach Golgatha (in: Ich will dir danken. Lieder für die Gemeinde. Henssler-Verlag)

Einsetzungsworte

Trio für Orgel: von J. Gottfried Vierling

Austeilung

Lied: Brüder, singt das Lied der Freude (Melodie nach Beethovens 9. Sinfonie »Freude schöner Götterfunke«)

Dankgebet: EG 677.6

Vaterunserlied: EG 188

Aronitischer Segen (oder andere Segensformulierungen der verschiedenen Agenden der Landeskirchen)

Segenslied: Komm, Herr, segne uns EG 170,1–4

Zur Austeilung:
Jeder nimmt für sich Brot und Wein und gibt dann den Korb und den Kelch an den/ die Nachbar/in(n) weiter mit den Worten: »Christi Leib für dich gegeben« und »Christi Blut für dich vergossen«. Der Kelch wird jeweils nach vier bis fünf Personen mit der auf dem Tisch liegenden Serviette rundum gereinigt.

Verlauf des gemeinsamen Abendessens
Nach dem Tischabendmahl gehen Jugendliche zum Altar und holen die Teller, Servietten, das Besteck und die Platten und decken für ihre Eltern den Tisch (Theologischer Aspekt: Gemeinschaft fordert zum Dienen auf! Am Konfirmationstag bedienen dann ja die Mütter ihre Jugendlichen.) Nach einem kurzen Dankgebet oder einem gemeinsamen Kanon beginnt das Abendessen. Rege Gespräche sind meist in der Gruppe. Eine Scheu etwa, daß man in einer Kirche oder einem Gotteshaus ißt und trinkt, war bislang nicht zu spüren. Aus Erfahrung sollten die Jugendlichen bei ihren Eltern sitzen, denn ein Auseinandergehen in »Grüppchen« steht diesem Gedanken des Gemeinschaftsmahls entgegen. Für insgesamt eineinhalb Stunden kann man verlangen, daß die Familien nicht »auseinandergerissen« werden.
Die Gottesdienstform des Tischabendmahles ist offen, d. h. es können andere z. B. meditative Bausteine musikalischer oder anderer kreativer Art eingebaut werden, je nach den örtlichen, gemeindlichen Gegebenheiten. Es folgt dann der von den Konfirmandinnen und Konfirmanden selbst gestaltete Gottesdienst am Sonntag ohne Abendmahl.

Quellenangaben
Diameditation »Das letzte Abendmahl«, Evangelium nach Matthäus, Markus, Lukas und Johannes, Tonbild, bearbeitet von Werner Ruschke und Heinz Robert Paul; 17 farbige Dias zu beziehen bei der Evangelischen Zentralbildkammer Bielefeld: Tel.: 05 21 / 22 86 – 1 Tonbild – Nr. ZB 259

Begründete Hoffnungen

Familiengottesdienst mit Feier
des Hl. Abendmahls am 1. Advent   *Volker Johannes Fey*

Orgelvorspiel

Lied: EG 455 Morgenlicht leuchtet

Begrüßung und Votum
Zu unserem Gottesdienst am heutigen 1. Advent begrüße ich Sie und euch
recht herzlich!
Wer hat denn gemerkt – außer den Konfirmandinnen und Konfirmanden,
die es schon wissen –, was das eben für ein Lied war, berühmt in den 70er
Jahren, in der englischen Version? Wer weiß noch, wer der Sänger war?
Das überrascht Sie vielleicht: So ein Lied in der Kirche ...! Aber ich
glaube, wir haben heute noch mehr Überraschungen für Sie! Konfirmanden und Konfirmandinnen, Jugendliche, Kinder und Kirchen-
vorsteherinnen haben diesen Gottesdienst zusammen vorbereitet – in
verschiedenen Gruppen und an verschiedenen Projekten. – So haben
z. B. einige Konfirmanden mit Hilfe von unserem Bäckermeister Heinz L.
das Brot für das Abendmahl selbst gebacken. Andere haben den Kirchenraum geschmückt; wieder andere sich Gedanken um die Musik gemacht ...
Wir sind als Gemeinde hier zusammen – und Gemeinde heißt ja: die
Gemeinschaft von Jung und Alt, von Kindern und Erwachsenen ... Das
können Gegensätze sein. Aber ich wünsche mir, daß wir diese Gegensätze
aushalten – und daß wir sie nachher miteinander versöhnen in der Feier des
Heiligen Abendmahls – und daß es so insgesamt heute gelingt, uns gemeinsam einzustimmen auf die Vorweihnachtszeit.
[– Zunächst möchte ich aber ein Geburtstagskind unter uns besonders
begrüßen und beglückwünschen: Lisa B.! Sie hat heute Geburtstag – und
wenn wir schon beim Brotbacken waren, dann haben wir auch gleich einen
Kuchen mit gebacken. Und den möchte ich dir jetzt überreichen! Herz-
lichen Glückwunsch! ...
(Haben zufällig noch mehr Geburtstag heute, so könnte ihnen an dieser
Stelle eine kleine Gabe übereicht werden!)
Geburtstags-*Kanon* für Lisa (und für andere?!): »Viel Glück und viel
Segen!«]

Und nun laßt uns diesen Gottesdienst beginnen und feiern:
Im Namen des Vaters und des Sohnes und des Heiligen Geistes.
Gemeinde: Amen

Introitus
Der Psalm zum 1. Advent ist *der 24. Psalm.* Er steht im Gesangbuch unter der Nummer 712 (EG, Ausgabe für Hessen und Nassau!) und ich möchte ihn mit Ihnen und euch im Wechsel lesen!

Wir greifen diesen Psalm auf in dem berühmten alten Adventslied:
Lied: EG 1,1+5 »Macht hoch die Tür!«

Bekenntnis
Im Licht des Advents erkennen wir die Zerrissenheit unseres Lebens: Wir spüren, wie sehr wir auf Hilfe warten – oft vergeblich! Wir sehnen uns nach Verständnis und Geduld, nach Liebe …
Im Advent wird der Ruf laut, daß Gott in unser Leben kommen soll – daß er von seinem Himmel herabfahren möge, um unsere Welt heilzumachen – um uns selbst gesund zu machen an Leib und Seele. – »O Heiland, reiß die Himmel auf« – wir singen dieses Lied!
Lied: 7,1+4+5 »O Heiland, reiß die Himmel auf!«

Gnadenverkündigung

Anspiel

Die Konfirmandinnen Lisa B. und Ruth S. haben ein kleines Anspiel zum Thema »Advent« vorbereitet.
Ruth: Weißt du eigentlich, was heute für ein Tag ist?
Lisa: Es ist Sonntag – der 1. Dezember. Und der 1. Advent!
Ruth: Und weißt du auch, was am 1. Advent endet?
Lisa: Na klar – das alte Kirchenjahr ist vorbei – und ein neues fängt wieder an!
Ruth: Was fällt dir denn zu dem Wort Advent ein?
Lisa: Na ja – Schnee – Geschenke – Vorfreude auf Weihnachten und so … Du, was heißt eigentlich Advent?
Ruth: Advent heißt Ankunft – Damit meint man die Ankunft des Herrn, – die Ankunft Gottes in der Welt.
Lisa: Und was erwartest du dir von der Ankunft Gottes in der Welt? …
Pfarrer (greift das auf): »Was erwartest du dir von der Ankunft Gottes in der Welt?« Das ist doch eine gute Frage, nicht wahr?! Die alten Adventslieder haben begeistert von dieser Hoffnung gesungen: »Macht hoch die Tür!« … Und: »Komm, o mein Heiland, Jesu Christ, meins Herzens Tür dir offen ist« … – Aber bis jetzt haben wir nur solche alten Lieder gesungen. So schön sie sind – man muß aber ehrlich sagen: Das ist nicht die Musik heutiger Konfirmandinnen und Konfirmanden! *(Einige kommen nach vorne).* Einige von euch haben aus »ihrer« Musik ein Lied ausgewählt, das sie uns heute einmal vorstellen wollen. Auf dem Liedblatt steht der Text dieses Liedes. Es ist von den »Toten Hosen« und trägt den Titel: »Paradies«.

Daniel, kannst du mir sagen, warum ihr dieses Lied ausgesucht habt?
Konfirmand: Wir wollten im Gottesdienst einmal *unsere* Musik aufführen, nicht nur immer die alten Lieder singen, die wir gar nicht kennen.
Pfarrer: Was gefällt euch so an diesem Lied? Welche Hoffnung kommt darin zum Ausdruck?
Konfirmand: Dieses Lied singt wie unser erstes Lied heute morgen (»Morning has broken«) vom Garten Eden, vom Paradies ... Es hat also auch mit Advent zu tun! Ich denke, daß in diesem Lied der Wunsch ausgedrückt wird, daß wir im Leben hoffentlich nicht nur aufgrund von Anpassung und Leistung anerkannt werden!
Pfarrer: Hören wir uns doch dieses Lied einmal an! – Ich weiß, es ist ein Experiment – und in gewisser Weise ein Wagnis! Denn wir müssen damit rechnen, daß es laut wird und daß diese Musik einigen nicht gefällt. Aber bedenken wir bitte: Den Konfirmanden gefallen auch nicht alle unsere Lieder!
»Gemeinde« heißt – ich sagte es eingangs schon –, daß wir die Gegensätze ertragen. Nur wer immer für sich bleibt, kann so leben, wie es ihm paßt. Und wir müssen der Jugend auch die Möglichkeit geben, ihrer Stimmung Ausdruck zu geben. Wir müssen der Jugend eine Stimme geben.
Hören wir also 'mal rein! ...
CD wird abgespielt: »Ich will nicht ins Paradies« (Tote Hosen)

Schriftlesung
War das nun arg schwere Kost? ... Ob nun bei den »Toten Hosen« oder vor 2.000 Jahren: Schon immer suchen Menschen den Weg zurück ins Paradies, in den Garten Eden. Schon immer warten sie darauf, daß Gott in unsere Welt kommt, um ihr Heil zu bringen. Das Evangelium zum 1. Advents-Sonntag berichtet uns davon, wie Jesus – der Sohn Gottes – als Friedenskönig in die Stadt Jerusalem einzieht. Es steht beim Evangelisten Matthäus, im 21. Kapitel (VV 1–9).

Auslegung
Hinter dieser Geschichte steckt die ganz einfache – und doch so gewichtige – Frage: Sind wir Menschen der Hoffnung?, liebe Gemeinde. Hoffen wir noch – oder stecken wir den Kopf in den Sand und sagen: »Es bleibt sowieso alles beim alten«?!
Der Schabernack, den die Jünger da veranstalten, erinnert uns daran, *was möglich ist.*
Wir dürfen uns das wirklich als den reinsten Narrenzug vorstellen: *Auf einem Esel* reitet Jesus in Jerusalem ein – wie ein König wird er empfangen! Ein König, nicht hoch zu Roß – nicht auf einem weißen Schimmel oder in einem dicken Mercedes – sondern auf dem Esel, dem Tier der Armut! Und nicht auf einem roten Teppich, wie sonst die Könige, wird er empfangen – sondern auf einem Teppich aus Kleiderlumpen und grünen Zweigen.

Es ist wirklich wie Fastnacht, liebe Gemeinde. Es ist ein Spott auf das sonst so ernste Leben, eine Verspottung der grauen, tristen Realität.
Und das ist also möglich! Anders können wir die Hoffnung nicht hochhalten – wenn wir uns nicht manchmal in ein Narrenkleid stecken und der Macht, der Gewalt und dem Tod ins Gesicht lachen!
Jesus tut das. Und er steckt seine Jünger an. Und sie alle zusammen stecken die ganze Menschenmenge an: Die schreit und ist ganz überschwenglich und begeistert, steigert sich förmlich hinein: »Hosianna – heil dir! Hilf du uns, Jesus! Dir trauen wir zu, daß du uns helfen kannst!«
Und dieser Jesus möchte uns alle damit anstecken – in diesem Advent, der vor uns liegt! Anstecken mit dieser Begeisterung, anstecken mit der Hoffnung, daß sich doch etwas machen läßt. Weil Gott uns nicht allein läßt.
Das ist ja die Botschaft von Weihnachten: Gott läßt seine Menschen nicht allein! Und auf Weihnachten gehen wir zu – von heute an, mit dem 1. Advent! – Ich wünsche uns viel Hoffnung – in dieser Zeit und darüber hinaus!

Die Kinder des Kindergartens und der Mittwochsgruppe haben ein *Lied* vorbereitet, das vom Einzug in Jerusalem handelt – die Nr. 314 im Gesangbuch. Ihr Kinder könnt jetzt zum Singen nach vorne kommen – aber wir alle verfolgen es im Gesangbuch mit und singen von diesem Lied die Strophen 1–3 und 5!
Lied: 314 »Jesus zieht in Jerusalem ein« (Str. 1–3+5)

Feier des Heiligen Abendmahles

Überleitung zum Abendmahl
Wir feiern jetzt miteinander das Heilige Abendmahl! Alle sind dazu eingeladen! Im Abendmahl lädt Jesus Christus uns als Gäste an seinen Tisch. Wir hören sein Wort. Wir handeln so wie er: Wir reichen einander Brot und Wein.
Durch diese Gaben möchte Jesus uns darin vergewissern, daß unser Warten nicht vergeblich ist: Das ist die Verheißung des Advents: Gott sucht und tröstet sein Volk. Er nimmt Wohnung unter uns. Darum ist diese Welt nicht mehr gottlos. Gott hat uns seinen Sohn gesandt.
Darum: Wenn wir jetzt Brot und Wein miteinander teilen, so vertrauen wir darauf, daß er dabei unter uns ist – denn wir sind ja in seinem Namen versammelt.
Zu ihm beten wir auch:

Gebet vor dem Abendmahl
Herr Jesus Christus, du erwartest uns, und wir können kommen – so, wie wir sind; mit allem, was uns jetzt beschäftigt und bedrängt. Wir bitten dich:

Laß uns durch dieses Abendmahl vorwegnehmen, was du uns verheißen hast: daß wir an einem Tisch sitzen und trotz allem, was uns unterscheidet, gemeinsam feiern werden im Reich deines himmlischen Vaters.

Lied vor dem Abendmahl (statt eines »Sanctus«): EG 13 Tochter Zion

Gebet
Wir beten mit Worten von Regine Schindler:

Wir sitzen zusammen,
wir werden satt.
Wir danken dir, Gott,
für das Essen.
Wir bitten für den,
der kein Essen hat.
Gott, laß uns dich nicht vergessen!

Wir sitzen zusammen,
wir haben es gut.
Gott, gib uns nicht nur zu essen.
Mach du uns froh,
gib du uns Mut!

Gott, laß uns dich nicht vergessen!
Amen.

(aus: Regine Schindler, Gott, ich kann mit dir reden, © Verlag Ernst Kaufmann, Lahr 1982)

Einsetzungsworte

Wir möchten jetzt gleich mit Ihnen und euch einen Kreis bilden!
Im Kreis stehend werden wir uns Brot und Wein weiterreichen. Und wenn wir alle gegessen und getrunken haben, dann darf sich der Kreis auflösen. Wir können einmal das tun, was wir uns vielleicht sonst in der Kirche wünschen: Wir können herumlaufen – z. B. zu jemandem gehen, den wir lange nicht gesehen haben. Ein paar Worte miteinander reden. Oder auf jemanden zugehen, mit dem wir uns wieder vertragen wollen – denn das Abendmahl ist ein Mahl der Versöhnung! – Daß wir dann also aufeinanderzugehen, uns ein gutes Wort sagen, ein Wort des Friedens. Reden ist also ausdrücklich erwünscht! Und ich denke, Gesprächsstoff haben wir auch genug. Denn zumindest können wir uns darüber unterhalten, wie wir das Lied der Konfirmanden fanden – oder den Gottesdienst überhaupt – oder was wir uns vom Advent erwarten ...
Und unsere Organistin ist gebeten, uns nach 1/4 Stunde spätestens durch Musik zu unterbrechen. Wir stellen uns dann wieder im Kreis auf, dort, wo wir gerade sind, sprechen ein Schlußgebet und gehen nach dem letzten Adventslied auseinander ...

Ja, und nun möchte ich Sie und euch dazu bewegen, sich zu einem großen Kreis hier in der Kirche aufzustellen!

Die Gottesdienstteilnehmer(innen) stellen sich in einem großen Kreis im Kirchenschiff auf

Segenswort
Wie dieses Brot zerstreut war auf den Feldern und, aus vielen Körnern zusammengebracht, jetzt *ein* Brot ist,
und wie dieser Wein, aus vielen Beeren gewonnen, jetzt *ein* Trank ist,
so will Gott uns Menschen zueinander führen – in dieser Gemeinschaft und auf der ganzen Erde. (nach der Didache, 2. Jhdt.)
Evtl. Friedensgruß:
Der Frieden, den Jesus gebracht hat, möge mit uns allen sein! Keiner sei gegen den andern, keiner in sich verschlossen. Vergebt einander, wie euch vergeben ist. Nehmt einander an, wie ihr angenommen seid durch Christus – Gott zu Lob und Ehre. Gebt einander ein Zeichen des Friedens!
Kommt und eßt von dem Brot, das uns eint. Trinkt von dem Kelch des Heils. Schmeckt und seht, wie freundlich der Herr ist!

Austeilung

Lockeres Beisammensein, Unterhaltung, währenddessen Musik

Gebet nach der Austeilung
Danket Gott, denn er ist freundlich, und seine Güte währet ewiglich! Laßt uns beten!
Gebet
Wir preisen dich, Gott, denn du bist gut. In dieser adventlichen Zeit durften wir Gäste sein an deinem Tisch. Wir danken dir für deine Gaben, Brot und Wein. Laß sie ein Zeichen deiner Nähe sein. Laß sie uns freudig und dankbar anderen Menschen weitergeben und mache uns so alle gewiß, daß keine und keiner von uns übersehen wird – bis du kommst.
Und gemeinsam beten wir:
Vater Unser

Lied: EG 17,1 »Wir sagen euch an den lieben Advent«
(Im Stehen – ohne Gesangbuch!)

Segen

Orgelnachspiel

»Das fängt ja gut an!«

Agapemahl mit Apfelschnitzen und Honig
im Gottesdienst am Neujahrstag   *Rainer Heimburger*

Im Gottesdienst am Neujahrsmorgen versammelt sich bei uns nur eine kleine Gemeinde – eine gute Gelegenheit nach den zahlreichen Abendmahlsfeiern in der Weihnachtszeit und am Altjahrsabend zu einer alternativen Agapefeier, die die ersten Schritte ins neue Jahr »versüßt«.

Nach dem Predigtlied wird die Gemeinde eingeladen, sich im Kreis um den Altar (wie zum Abendmahl) zu versammeln.

Hinführung

»Das fängt ja gut an!«, sagen wir erfreut, wenn uns gleich zu Beginn eines schwierigen Unternehmens etwas gelingt.
Ein guter Start, eine gute Erfahrung, das gibt uns Auftrieb und Schwung, ermutigt weiterzugehen und auch schwierige Dinge anzupacken.
Gut anfangen wollen wir dieses neue Jahr mit einem jüdischen Brauch. Er will uns die ersten Schritte ins neue Jahr versüßen. Wir lassen jetzt ein Körbchen mit Apfelschnitzen herumgehen. Bitte nehmen Sie sich jeder einen Schnitz. Im Anschluß geben wir ein Schälchen mit Honig herum. Tauchen Sie Ihren Apfel in den Honig und essen Sie den süßen Apfel. »Schmecket und sehet, wie freundlich der Herr ist. Wohl dem, der auf ihn traut.«

Austeilung

Laßt uns beten:
»Der Herr über Leben und Tod möge das neue Jahr ein mildes und heilsames Jahr werden lassen.«
Wir reichen einander die Hände.

Segen
Der Herr segne euch
        in dem neuen Jahr, das vor euch liegt.
Der Herr behüte euch
        bei euren Vorhaben und eurem Planen.
Der Herr lasse sein Angesicht leuchten über euch,
        über euren Wegen durch Tiefen und über Höhen.
Der Herr sei euch gnädig
        bei eurem Tun und Lassen.
Der Herr erhebe sein Angesicht auf euch,
        auf eure Wünsche und Hoffnungen.
Der Herr gebe euch Frieden,
        innerlich und äußerlich, zeitlich und ewig.
Amen.
(K. Rommel, Familiengottesdienste im Kirchenjahr, Stuttgart 1988[3], Seite 144)

Entlassung
»Das fängt ja gut an!« - »Geht hin. Ihr seid die Gesegneten des Herrn.«

Der Gottesdienst wird mit dem *Fürbittengebet* fortgesetzt.

Lied: EG 395 »Vertraut den neuen Wegen ...«

Spuren der Befreiung schon jetzt

Jüdisch-Christlicher Gottesdienst
am Gründonnerstagabend   *Claus Marcus*

Posaune Nigun

Worte zum Eingang
Wo Menschen jüdischen und christlichen Glaubens an diesem Abend
gemeinsam einen Gottesdienst feiern, da erinnern sie sich an gemeinsame
Wurzeln ihres Glaubens, an den Ursprung von Leben und Hoffnung, von
Erwartung und Erfüllung. Da sind wir miteinander unterwegs und werden
herausgefordert zum Bekenntnis für das Leben gegenüber der Dunkelheit
unserer Zeit, zum Glauben an den Einen, den Schöpfer und Erhalter.
Gegenseitig müssen wir uns nicht rechtfertigen. Wir begegnen uns als
Freundinnen und Freunde, weil der Vater Jesu, der Gott Abrahams, Saras,
Isaaks, Rebekkas, Jakobs und so vieler anderer uns zu Gottestöchtern und
Gottessöhnen erklärt.

Lied: »Freunde, daß der Mandelzweig«

Biblische Lesungen
5. Mose 6,20 ff.
2. Mose 12,1 ff.
Psalm 16

Posaune
»Jaaleh« - Unsere Stimme steige empor von Abend, unser Trost komme
von Morgen, und unser Jubel erscheine bis Abend.

Jüdischer Kantor - aus den Gesängen zum Abendgottesdienst;
anschließend gibt er eine Einführung zum *Sedermahl*.

Meditative Orgelmusik

Pfarrer/Pfarrerin
Lesung aus Lukas 22,7–20
anschließend: Einführung zum *Abendmahl.*

Wiederkehrende Deutehilfen:
- von der neuen Freiheit zum Leben
- von der Erinnerung an die Herausführung aus knechtischen Bindungen
- vom Brot als dem Zeichen der Teilhabe an Arbeit, Engagement und Leid und Hoffnung der Geschwister des Gottesvolkes
- vom Wein als dem Hinweis auf die Freude der Endzeit, an der wir jetzt schon feiernd Anteil haben
- von Mose und Jesus als den Wegbereitern eines neuen Lebensverständnisses
- kein Leben ist wirklich ohne Opfer

Miteinander sprechen – Brot brechen – Wein trinken

Lied: »Wir haben Gottes Spuren festgestellt«

Gebet
Dankbar sind wir für die neue Gemeinsamkeit. Du, Gott der Hoffnung, rufst uns auf den Weg des Lebens. Wo wir der Erinnerung und dem Gedächtnis Raum geben, da entdecken wir Spuren der Befreiung schon jetzt. Wie du einst dein Volk aus der Sklaverei befreit hast, so zeigst du uns in der Konsequenz des Lebensweges Jesu den Anbruch deiner Herrschaft. Aus den Völkern dieser Welt berufst du dir dein Volk, und du hast uns Zeichen deines Mitgehens durch die Zeit gegeben: das Passamahl und das Abendmahl. Im gemeinsamen Essen und Trinken willst du, o Gott der Befreiung, immer neu unter uns erlebt und erfahren werden. Wir bitten dich für die Nacht, in die wir hineingehen. Bleib' du uns huldvoll zugewandt. Zieh deine schützende Hand niemals zurück. Gemeinsam hoffen wir auf den neuen Morgen.

Segen

Posaune Nigun

Bausteine

Mögliche Worte zum Brot und zum Wein
Wo wir gemeinsam das Brot brechen, erinnern wir uns an die Einladung Gottes zu neuer Freiheit, erleben wir Lebensmut und Perspektiven für unseren Weg.

Wo wir gemeinsam aus dem einen Kelch trinken, erinnern wir uns an das Geschenk neuen Lebens, gewonnen aus Arbeit und Hingabe, entdecken wir Quellen von Hoffnung und Liebe.

Mögliche Deuteworte

1. Am Abend vor seiner Hinrichtung saß Jesus zusammen mit seinen Freunden, unter ihnen war Petrus, der ihn später nicht kennen wollte, Judas, der ihn an die Feinde verraten hat, Johannes, der ihn liebte und dennoch im Stich ließ. In ihre Traurigkeit über den endgültigen Abschied sprach Jesus diese Worte: Hier ist das Brot; indem ich es mit euch breche, denke ich an die Hingabe meines Lebens. Wo ihr gemeinsam das Brot brecht, werdet ihr euch an mich erinnern und von mir erzählen. Dabei werdet ihr es erleben, daß es euch frei um euer Herz wird. Eure Schuld wird euch nicht länger mehr angerechnet. Wo ihr gemeinsam aus dem einen Kelch trinkt, wird es euch bewußt werden, wie nahe ich euch auch nach meinem Tod sein werde. Ich verliere euch niemals aus meinen Augen. Ich bin bei euch alle Tage bis an das Ende der Zeiten.

2. Von Jesus lernen wir, was es heißt, sein Leben für seine Freundinnen und Freunde einzubringen. Wie das Brot gebrochen wird, so ist sein Leben zerbrochen. Wie der Wein getrunken wird, so unmittelbar und nahe wird er uns. Das Brot und der Wein sind sichtbare Zeichen seiner unsichtbaren Nähe, die uns Freiheit und Leben schenkt. Wir dürfen neu anfangen.

3. Ein kleines Stück Brot und ein Schluck Wein sind die sichtbaren Zeichen seiner unsichtbaren Nähe. Das Brot erinnert uns an Leben und Leidenschaft, an Liebe und Engagement, an Sterben und Auferstehung. Der Wein erinnert uns an Freude und Leid, an Schmerz und Enttäuschung, an Vergebung und Versöhnung. Im Trinken und Essen erleben wir neue Gemeinschaft, Schritte auf dem Weg ins Leben.

4. Miteinander teilen wir das Brot und den Wein. Miteinander teilen wir unsere Hoffnung und unseren Zweifel, unsere Angst und unsere Hoffnung. Miteinander entdecken wir Spuren des Lebens, das gelingt. Miteinander werden wir dessen gewiß, daß uns der Eine niemals fallen läßt. Sein Tod wird uns zum Tor ins Leben. So wird das Brot und wird der Wein zum Zeichen der Erinnerung an den Lebensweg Jesu, damit wir nicht umsonst leben.

Sabbat des Lebens

Abendmahl im Osterfrühgottesdienst   *Arno Schmitt*

Liturg(in):
Sentenz

Wes' Brot ich ess',
Des' Lied ich sing:
Ich geh' den Weg, auf dem er ging.

Wes' Brot ich ess'
Des' Lied ich sing:
Ich seh' das Kreuz, an dem er hing.

Ich geh' den Weg,
auf dem er ging:
Sein Brot ich ess', sein Lied ich sing'!

Durch den Mittelgang des Gottesdienstraums tragen Liturgiehelfer/-helfe-
rinnen Blumen, Tischdecke, einen ChristusCorpus, eine OsterIkone, eine
SchriftRolle, dazu Krüge mit Saft und Becher und Fladenbrote zum bereit-
gestellten Tisch in der Mitte des Altarraums und schmücken diesen »Tisch
des Friedens«. Das geschieht in großer Ruhe und kann dauern ...

Liturg(in):
Einleitung
Als Jesus mit seinen Jüngern das Brot brach und den Kelch gab, erinnerte
er sie an die Zeiten des Volkes Israel. An die Jahre der Unterdrückung und
Demütigung. An die Geschichte der Befreiung und Rettung. Brot und Wein
hätten sie miteinander geteilt und einander gesagt: »Zeichen der Hoffnung
und Zehrung für Leib und Seele – der Weg ist weit!«

Gemeinde: EG 185,4 Agios, o theos/Heiliger Herre Gott ...

Liturg(in):
Einsetzungsworte

Seht das Brot,
Gebacken zur Feier des Lebens,
Verteilt an Freundin und Feindin,
An Freund und Feind.
Erinnerung daran:
Die Liebe ist stärker als der Tod.

Seht den Wein,
Gekeltert zur Feier des Lebens,
Verteilt an Freundin und Feindin,
An Freund und Feind.
Erinnerung daran:
Die Hoffnung ist größer als die Angst.

Gemeinde: EG 181,6 Laudate omnes gentes ...

Liturg(in)
Einladung
Kommt und schmeckt! Liebe und Hoffnung – sie wollen sich schenken,
eure Hände und Herzen erreichen, zu Botinnen und Boten des Lebens
euch machen!

Austeilung
Um den gedeckten Tisch bilden sich Gruppen zwischen 12–16 Personen.
Auch Kinder sind dabei. Wer nicht aus dem Kelch trinken möchte, erhält
eine Weintraube. Während der Austeilung singen die Feiernden das Oster-
lied »Auf, auf, mein Herz, mit Freuden ...«, EG 112. Nach Brot und Wein
bleiben die Tischgruppen noch einen Moment zusammen, reichen sich die
Hände, bilden einen Kreis, währenddessen der/die Liturg/in spricht:

Liturg(in)
GabenSegen
Gestern die Verwandlung des Wassers in Wein.
Heute die Verwandlung des Weins in das Blut des Herrn.
Morgen die Verwandlung meines und des Sterbens der Welt
In das neue Leben des Auferstandenen!
Christi Friede wachse in euch
Und stärke euch!

Liturg(in)
Dankgebet
Gott, zugewandt hast du dich dieser Welt und ihren Menschen. Zugewandt
hast du dich uns in deinem Sohn Jesus Christus. Durch uns ist er gestorben,
durch dich ist er im Leben.
Um deines Sohnes Jesus Christus willen willst du deinen Blick nicht mehr
abwenden von dieser Welt. Über allem, was lebt, willst du dein Antlitz
leuchten lassen. So sieh' auch nach uns, guter Gott! Sieh nach der Fried-
losigkeit unserer Herzen! Sieh' nach der Begehrlichkeit unserer Ansprü-
che. Sieh' nach der Gedankenlosigkeit unserer Worte, der Vergeßlichkeit
unserer Grundsätze, die wir uns leisten tagein-tagaus! Nach all dem Haß

und der Gewalt in dieser Welt, Barmherziger, sieh', nach aller Arroganz und Dummheit! Nach denen, die politische Entwicklungen zu verantworten haben! Nach denen, die zu Sündenböcken gemacht werden: Fremde, Flüchtlinge, Asylsuchende, Arbeitslose, Behinderte! Für die ungezählten ohne Namen in der Welt, die hungern und unter Krieg leiden, bitten wir dich heute früh in Besonderheit!
Gib es nicht auf mit uns! Halt fest an deinem Traum, für den du lange und längste Wege gehst, die Fülle deines Lebens eines Tages mit allen deinen Geschöpfen zu teilen und den »Sabbat des Lebens« zu feiern!

Gemeinde: Stilles Gebet

Gemeinde: VaterUnser

Liturg(in):
Schlußsegen
Wie das Meer den Glanz der Sonne widerspiegelt,
So leuchte aus uns die Freude Gottes am Schöpfungswerk.
So segne uns Gott, mächtig und barmherzig,
Vater, Sohn, Heiliger Geist.

Orgel, Instrumente und Gemeinde: EG 171 Bewahre uns Gott ...
Die Feiernden sind in den festlich geschmückten Gemeindesaal eingeladen, wo das OsterFrühstück gerichtet wird.

Diese Nähe Gottes will ich glauben

Abendmahlsgottesdienst in einem
Krankenhauszimmer zur Adventszeit   *Hannes-Dietrich Kastner*

Vorbemerkung
Eine an Krebs erkrankte Patientin bat um das Abendmahl. Zunächst war es schwierig, eine geeignete Zeit dafür zu finden; denn Bestrahlung und Chemotherapie hatten die Patientin sehr geschwächt. Als sich ihre Situation etwas stabilisierte, kamen wir rasch zu einer Vereinbarung. Verwandte holten mich ab; wir fuhren in die Spezialklinik. Als wir das Zimmer der Patientin betraten, waren 14 Personen beisammen, die, telefonisch herbeigerufen und aus einem weiten Umkreis kurzfristig angereist, diese Festlichkeit mit ihren Angehörigen gemeinsam begehen wollten. Ich hatte eine kleine Ordnung mitgebracht, so daß alle einbezogen werden konnten. Nachdem Brot und Wein bereitgestellt waren, sammelten wir uns.

Liturg: Schalom!
Von Herzen freundlich ist Gott;
ein Licht aus der Höhe wird uns besuchen,

so wie die Sonne aufstrahlt am Morgen.
Es scheint allen,
die da sitzen in der Finsternis
und im Schatten des Todes.

Alle: Komm, heiliges Licht!
Erstrahle und leuchte,
damit wir nicht stürzen!
Komm, heiliges Licht!
Lenke unsere Schritte
auf dem Weg zum Frieden!
Amen.

Liturg: Nun ist erschienen die heilsame Gnade Gottes
allen Menschen,
damit wir bereit würden, Christus anzunehmen,
der sich für uns gegeben hat,
damit er uns erlöste und frei machte von allem,
was uns beschwert und ängstet.

Lied: EG 8

Eine/r: Lesung: Johannesevangelium/Kapitel 1
Eine/r: Gelobt sei Jesus Christus!
Alle: In Ewigkeit. Amen.

Meditation

Wie oft schon durchlebe ich den Advent ...
Wie oft schon übte ich mich in der Erwartung, nicht nur darauf, daß endlich
Post kommt – oder Besuch, sondern in der Erwartung, die viel weiter geht –
über die Grenzen des Banalen, des Irdischen hinaus ...
Wie oft schon formten meine Lippen die Zeile: »Vater, dein Reich komme!«
Wenn ich zurückblicke, bemerke ich, daß sich mein Erleben des Advent
von Jahr zu Jahr gewandelt hat ... Meine Erwartung ist intensiver geworden, was äußere Dinge angeht – bescheidener – aber was das Geistige
angeht – anspruchsvoller. Und so begegne ich dem Evangelium, das wir
eben hörten, in diesen Tagen auch besonders gerne. Denn es lenkt meinen
Blick auf das Eine, das ich wirklich brauche im Leben und im Sterben. Und
wie es davon spricht! Das Evangelium spricht mich in meinem Fleisch an,
in meiner Leiblichkeit, in meiner Körperlichkeit, in dem, was nur Hauch
ist, wie es in den Psalmen heißt, ein Gras, das rasch grünt und reift – und
sehr bald wieder vergeht.
Aber – das ist nicht das ganze Evangelium – dieser Realismus – dieser Blick
auf meine Leiblichkeit, die mir bisweilen viel zu schaffen macht. Das Evan-

gelium sagt mir zu, daß Gott meine Menschlichkeit nicht meidet, die Leiblichkeit des Menschen, daß ich nur Hauch bin. Das Evangelium sagt mir zu, daß Christus meine menschliche Weise, zu sein, mit mir teilt.

Gottes herzliches Versprechen nimmt also menschliche Gestalt an – und wohnt unter uns ... Im Griechischen steht an dieser Stelle statt wohnen das Wörtchen »zelten«. Das rührt mich wirklich tief an, daß Gott es so meint – mir also nicht bloß einen Vertreterbesuch an die Haustür schickt, der dann wieder verschwindet, sondern daß er sich darauf einläßt, bei mir zu »zelten« ... bei mir zu wohnen. Daran will ich mich freuen – und darauf will ich vertrauen – daß wir nun beisammen sind und beisammen bleiben – Wand an Wand – Gott – und wir Menschen.

Diese Nähe Gottes will ich glauben – jetzt und immer. Amen.

Lied: EG 7

Abendmahlsgebet
Recht und billig ist es,
daß wir dir, Gott des Lebens,
an diesem Tisch Dank sagen.
Du lädst uns Tag um Tag ein,
zu atmen, zu leben, zu vertrauen –
und versprichst uns,
daß der Tisch für uns gedeckt bleibt
auf immer –
in deinem ewigen Reich.
Durch Christus hast du dieses Versprechen
für uns anschaulich gemacht.
Und nun sind wir beisammen
und schauen die Zeichen, die Christus uns deutet
zur Freude, zum Frieden,
und schauen – und schmecken – sagen dir Dank.
Amen.

Einsetzungsworte
Vaterunser
Liturg: Gott, ich bin nicht wert, daß du unter mein Dach kommst;
Alle: aber sprich nur ein Wort so wird meine Seele gesund.

Lied: Christe, du Lamm Gottes
– *Wir teilen Brot und Wein* –

Dankgebet
Gott in Ewigkeit,
wir danken dir, denn du bist freundlich.
Du läßt uns deine Güte schmecken –

wie das Brot –
und dein Erbarmen –
wie wir den Wein kosten.
Es ist tröstlich,
daß du uns, die wir nur Hauch sind,
so nährst und erquickst.
Es tut uns wohl,
daß Christus uns zu Tisch bittet,
er, dein Vertrauter.
Und nun sind wir verbunden mit dir
und den Deinen,
mit Menschen, die vor uns waren –
mit Menschen – jetzt – um uns her –
und mit Menschen, die sein werden –
später – viel später.
Nimm unseren Dank,
Gott,
für das Licht dieses Tages –
für die Wege, die wir gingen –
die wir gehen.
Nimm den Dank,
Gott,
für die Tür, die sich öffnet –
für das Gebet, das uns mit dir verbindet.
Nimm den Dank,
Gott,
für die Bilder vom Frieden,
die in uns sind,
die wir lieben ...
Und gib allen, die danach hungern,
daß sie den Frieden empfangen –
und üben –
sich selber und allen zum Segen.
Amen.

– *Wir bilden einen Kreis um das Bett der Patientin und fassen uns bei den Hän-*
den. Es folgt die Segensbitte. –

Segen
Gott segnet dich und behütet dich;
Gottes Angesicht leuchtet über dir und ist dir gnädig.
Gott hebt das Angesicht auf dich und schenkt dir Frieden.
Amen.

Lied: EG 11

Predigten

Auf dem Weg zum Mahl

Am Ende einer Konfirmandenfahrt   *Claus Marcus*

Zum Eingang
Eine Woche haben wir miteinander gelebt. Wir haben miteinander Freude
gehabt. Wir haben Schwierigkeiten in der Gruppe gemeinsam bearbeitet,
vielleicht auch gelöst. Manchmal haben wir uns gelangweilt – miteinander
gesprochen, einander zugehört, einander erzählt, miteinander geschwie-
gen, gemeinsam gegessen und getrunken, den Morgen erlebt, den Tag und
die Nacht gestaltet. Eine Woche, die uns einander näher gebracht hat.
Viele Fragen haben wir gestellt, und viele Antworten sind wir einander
schuldig geblieben, ja, werden wir vielleicht auch nur im gemeinsamen Tun
finden.
Jetzt wollen wir gemeinsam singen, aufeinander hören, uns besinnen. Wir
wollen Stille zulassen und Klage wie Dank laut werden lassen. Wir vertrauen darauf, daß wir damit nicht allein sind.
Wir erhoffen uns Weggemeinschaft, auf der wir Menschen treffen, die uns
zuhören, denen unsere Zweifel und Fragen nicht lästig oder unbequem
sind.
So laßt uns in der Hoffnung, daß am Tage wir, in der Nacht wir nicht allein
sind, gemeinsam singen.

Lied: Freunde, daß der Mandelzweig

Klage: Psalmen haben wir in diesen Tagen gelesen, haben in ihnen uns entdeckt. So lesen wir jetzt Psalm 30 im Wechsel.

Lied: Fürchte dich nicht, gefangen in deiner Angst (EG 643)

Mir ist, wie wenn ich in diesem Lied den Fragen begegne, die uns während
unserer Freizeit bewegt haben:
»in deiner Angst, mit der du lebst ... mit ihr lebst du«.
Wie wir die Wolken am Himmel nicht wegschieben können, so können wir
die Angst auch nicht einfach vor der Tür lassen. Viele Augenblicke in unserem Leben kennen wir, die uns Angst machen: den Streit der Eltern, eine
schlechte Zensur in der Schule, die Abfuhr von der Freundin, dem Freund,
die weltweiten Probleme, Angst vor der Einsamkeit, Angst vor dem Verlas-
senwerden, Angst allein zu bleiben. Aber so ist es: »Ich habe Angst vor den
Menschen, die sagen, sie haben keine Angst«. (nach Erich Fried)
Da sind Angebote an uns, da ist ein anderer Mensch. In unserem Lied heißt
es: »getragen von seinem Wort, von ihm lebst du«. Wort hat es mit Sprache
zu tun. Manchmal erleben wir, wie schmerzhaft es ist, wenn eine, wenn

93

einer uns anschweigt und nicht ein einziges Wort über die Lippen bekommt. Wir fühlen uns nicht ernst genommen, verletzt oder eben draußen vor. Und wir kennen Augenblicke, wo ein Wort wie der Schritt in die Freiheit ist. Die Ketten fallen von uns ab.

Auch auf diesen Abend folgt ein neuer Tag, dessen sind wir gewiß. »Gesandt in den neuen Tag, für ihn lebst du«. Der neue Tag, Aussage und Zusage von Lebenszeit – nicht in das Ungewisse, in das Dunkle, in das Nichts – der neue Tag, an dem wir das Licht der Schöpfung wahrnehmen, die Stimmen von Menschen hören, neuen Aufgaben gegenüberstehen. Weil dieser Tag vergeht, darum können wir darauf vertrauen, daß ein neuer Tag auf uns zukommen wird. So halten wir die Nacht aus. Die Nacht auch als den Raum der Ruhe, wo wir zu uns finden, wo die Erlebnisse auch dieses Tages sich ordnen können.

»In den neuen Tag gesandt«, da ist ein Ziel für uns. So laßt uns gemeinsam die Angst des anderen aushalten, dem Wort des Lebens lauschen, um nicht ins Verstummen zu geraten. Wir vertrauen dem neuen Tag, weil du und ich, wir, gemeinsam mit dem Einen, dem Unsichtbaren, in der Gestalt unserer Gemeinschaft lebendiger Menschen unterwegs sind.

Lied: Brich mit den Hungrigen dein Brot, sprich mit den Sprachlosen ein Wort

Jesus saß am Abend vor seiner Hinrichtung mit seinen Freundinnen und Freunden beisammen. Sie feierten das Mahl zur Erinnerung an die Befreiung aus der Sklaverei in Ägypten, das Passa. In die Stille hinein sprach Jesus diese Worte, indem er das Brot nahm und das Dankgebet sprach, und ebenso den Kelch nahm:
»Dieses Brot und dieser Wein sollen euch an mich erinnern, an meinen Lebensweg und an meinen Tod. Weil ich euch alle bedingungslos liebe, darum hinterlasse ich euch das als mein Vermächtnis. Wo ihr von dem Brot eßt und aus dem Kelch trinkt, da verkündet ihr meine Gegenwart und ihr werdet Befreiung von eurer Schuld erleben.«

Wir reichen einander das *Brot* weiter, wir reichen einander den *Kelch* weiter.

Nach dem Mahl *beten* wir gemeinsam das *Vater unser:*
Was uns bewegt, was uns ängstet, was uns erfreut, was wir beklagen, wofür wir danken – daran laßt uns denken, wenn wir jetzt miteinander das Vater unser beten.

Segen
Wir reichen einander die Hände, lassen Nähe zu, nehmen die Wärme oder Kälte der Hand wahr. Diese Nähe erhoffen wir uns, wo wir Angst haben, wo wir unsere Freude wie Vögel an den Himmel werfen. Gott beschütze uns

auf all unseren Wegen, Gott verliere uns nicht aus den Augen, Gott halte die Hände schützend über uns. So segne uns, Gott der Liebe und der Versöhnung, des Friedens und des neuen Lebens. Amen

Der Abschied wird zum Aufbruch

Ansprache am Gründonnerstag 2. Mose 12,1–14   *Jörg Rothermundt*

Das letzte Mahl, das Jesus mit seinen Jüngern feierte, war nach dem Bericht der ersten drei Evangelisten ein Passa-Mahl. Das Abendmahl, das wir heute feiern, bekommt seine Bedeutung deshalb nicht nur von der Mahlgemeinschaft, die Jesus damals hielt, sondern auch von der letzten Mahlzeit, die die Israeliten einnahmen, ehe sie aus Ägypten auszogen. Es ist wie bei alten Gemälden, die in der Tempera-Technik gemalt sind. Unterschiedliche Farbschichten liegen übereinander. Aber die oberen decken die unteren nicht zu, sondern lassen sie durchschimmern, und zusammen geben sie dem Bild Glanz und Tiefe. Hören Sie deshalb den Bericht von der Einsetzung des Passa-Mahls: 2. Mose 12, 1–14.

Die Israeliten feierten das erste Passa in einer unheimlichen Situation. Lange Jahre hatten sie in Ägypten Zwangsarbeit geleistet. Immer wieder hatte Mose den Pharao bestürmt, er solle sie ziehen lassen. Aber dieser wollte nicht auf seine kostenlosen Arbeitskräfte verzichten. Auch als ein Unglück nach dem anderen hereinbrach, blieb er fest, starrsinnig und unnachgiebig. Jetzt ist der letzte Schlag angekündigt. Heute Nacht wird der Tod umgehen. Überall wird er zuschlagen, bei Mensch und Vieh, in den Herden und in den Familien. Und dann, wenn die Ägypter starr sind vor Angst und Schrecken, dann sollen die Israeliten fliehen und alle miteinander aus dem Land ziehen. Die letzte Mahlzeit wird deshalb in Hast und Eile verzehrt, die Sandalen an den Füßen, den Reisestab in der Hand, damit es gleich losgehen kann. Sie essen nicht im Sitzen, sondern im Stehen! Es war auch keine Zeit, zu warten, bis der Brotteig gegangen war. Ohne Sauerteig, nur Mehl und Wasser schnell zusammengerührt, wird das Brot gebacken und dann gleich gegessen zum Fleisch, das am Feuer gebraten wird. Währenddessen geht draußen der Tod um. Als Abwehr haben sie die Türpfosten und den oberen Türbalken mit dem Blut des Böckleins bestrichen, das sie geschlachtet haben. Eine unheimliche, fast gespenstische Situation. Aber im Rückblick war klar: Das war der Durchbruch. Noch in dieser Nacht sind sie in die Freiheit aufgebrochen. Es gelang ihnen tatsächlich, freizukommen und die Ägypter abzuschütteln. Deshalb wurde in Israel dieses Mahl jedes Jahr gefeiert, als Gedenken der Befreiung und Wegzehrung auf dem Weg in die Freiheit.

Die letzte Mahlzeit, die Jesus mit seinen Jüngern feierte, glich in vieler Hinsicht dem ersten Passa. Auch hier herrschte eine eigenartige, unheimliche Stimmung. Draußen ging der Tod um. Der Hohe Rat hatte beschlossen, Jesus zu töten, die Tempelwache war bewaffnet und machte sich auf den Weg, und hier am Tisch saß der Verräter, der ihnen zeigen wird, wo sie Jesus verhaften können. Aber auch diesmal wird der Abschied zum Aufbruch und Durchbruch. Jesus nimmt den Brotfladen, bricht und verteilt ihn: »So wird mein Leben zerbrochen, für euch«. Er schüttet den Wein in den Becher. »So wird mein Blut vergossen, für euch, nehmt und trinkt!« Das Passa-Mahl bekommt eine neue Bedeutung, indem es aufs engste mit Jesu Person verbunden wird. Die Christen werden es von jetzt an feiern als Wegzehrung auf dem Weg in die Freiheit.

Wir können heute in aller Ruhe Abendmahl feiern, nicht im Stehen, sondern im Sitzen. Wir brauchen nicht zu hetzen. Wir können nachher in aller Ruhe in unsere Häuser und Wohnungen zurückkehren. Auch wenn die Juden heute den Seder-Abend feiern (den Beginn des Passa-Fests), ist das eine festliche Mahlzeit zuhause, bei der die Geschichte des ersten Passa ausführlich erzählt und gedeutet wird.

Aber in dieser Ruhe dürfen wir den Ursprung nicht verlieren, den Dank für den Aufbruch und Durchbruch. Nur wer aufbrechen kann, erfährt die Chance der Freiheit. Wenn ein Kranker sich erholt, wenn er langsam wieder zu Kräften kommt, dann muß er den Schritt wagen hinaus aus dem Bett. Das ist gar nicht so einfach. Im Bett ist es schön warm. Man ist gut versorgt und betreut und hat selbst keine Verantwortung. Aber nur wer aufsteht und eigene Schritte geht, gewinnt Freiheit und Selbständigkeit zurück. Heraus aus dem Bett, heraus aus der Wohnung, etwas in Angriff nehmen und selber tun! Das ist nicht leicht. Bangigkeit und Unsicherheit melden sich. Wir erleben das nicht nur nach einer Krankheit, sondern das ganze Leben lang. Immer wieder gilt es aufzubrechen: angefangen vom Weg in den Kindergarten und dem ersten Schultag über den Auszug aus der Familie, das Eingehen neuer Freundschaften, die Gründung einer eigenen Familie, Umzüge von einem Ort zum anderen, Stellenwechsel, bis hin zum Übergang in den Ruhestand und dem letzten Aufbruch von dieser Welt in die kommende. Alle, die vielleicht gerade jetzt in einer solchen Situation sind, wissen sehr genau, wie unheimlich und unsicher einem da zumute ist. Aber gerade für sie gilt das heutige Abendmahl besonders. Sie dürfen es feiern als Wegzehrung auf dem Weg in die Freiheit. Es soll sie stärken, und zwar nicht nur mit Worten – obwohl ein gutes Wort der Aufmunterung viel wert ist – sondern ganz leiblich und erfahrbar durch Essen und Trinken. So ist Jesus bei dir, ganz nahe, ganz spürbar, ganz persönlich.

Jeder Aufbruch ist ein Schritt auf das kommende Gottesreich zu. Das wird besonders augenfällig, wenn die Juden ihren Seder-Abend feiern. Sie denken nicht nur an die Befreiung aus Ägypten damals, sondern auch an die völlige Befreiung, die noch aussteht. Die Seder-Schüssel mit den ungesäu-

erten Broten und den Bitterkräutern (Meerrettich, Radieschen und Garten-
lauch) wird hochgehoben. Alle stützen sie und sprechen: »Dies ist das Brot
des Elends, das unsere Vorfahren in Ägypten gegessen haben. Wer hungrig
ist, komme und esse mit uns. Wer bedürftig ist, komme und feiere das
Passa-Fest mit uns. Dieses Jahr hier, nächstes Jahr in Israel. Dieses Jahr
Knechte, nächstes Jahr freie Menschen.« Auch der Wein hat eine besondere Bedeutung. Er ist Zeichen der Befreiung und der Freude. An diesem
Abend hat jeder seinen eigenen Becher und darf trinken soviel er will, auch
die Kinder. Der größte Becher aber bleibt ungeleert. Er ist für den Propheten Elia, der das Kommen des Messias ankündigen wird. Warum sollte er
nicht heute kommen? Deshalb wird an einer bestimmten Stelle der Zere-
monie eines der Kinder an die Haustür geschickt, um sie zu öffnen.
Auch unser Abendmahl richtet unseren Blick nach vorne, auf die endgül-
tige Erlösung. Paulus schreibt in 1. Korinther 11: »So oft ihr von diesem
Brot eßt und aus diesem Kelch trinkt, verkündigt ihr den Tod des Herrn bis
er kommt.« Es ist gut, eine solche Perspektive nach vorn zu haben. Dann
wird jeder Aufbruch zu einem Schritt auf das kommende Gottesreich zu.
Unsere Schritte werden mutig und entschlossen, haben wir doch das
Abendmahl, und das heißt Christus für uns und in uns.

Engel

Predigt zum Michaelis-Abendmahl
1. Könige 19,4–8   *Traugott J. Simon*

»Der Herr hat seinen Engeln befohlen,
daß sie dich behüten sollen auf allen deinen Wegen ...«

Engel?
Die sind veraltet,
sagen wir.
Sie haben sich überholt.

Wir haben sie überholt
mit unserem vielen Wissen,
mit der Klugheit der Technik.

Engel?
Daß ich nicht lache!

Und dann erzählt einer –
fast im gleichen Atemzug ... –
von einem Unfall,

bei dem er
gerade noch
davonkam
mit ein paar Schürfwunden.
Und murmelt noch etwas
von einem Schutzengel,
der ihm beigestanden habe.

Da werden wir
sehr still,
vermutlich.

Dann hilft es
noch nicht einmal,
ungläubig
den Kopf zu schütteln.

Wenn wir uns weiter umsehen,
unser Leben besehen:
was wir erfahren haben –
wer uns begegnet ist –
wo wir bewahrt blieben –
wir kommen leicht ins Stocken,
für einen Augenblick zumindest.
Und das ist ganz gut.

Da denke ich
an den Menschen zum Beispiel,
der mir letztens aus der Patsche geholfen hat;
an den, der auf mich zukam
und mir ein helfendes Wort sagte;
oder der einfach da war –
und ich dachte:
»Du bist ein Engel!«;
vielleicht auch:
»Dich hat Gott geschickt!«
Vielleicht konnte ich es sogar sagen.

Wenn mir das wieder einfällt,
werde ich nachdenklich.
Ich frage mich,
ob es nicht doch sein könnte?
Ob es nicht doch
Engel
geben könnte?

Irgendwie anders
als sie in unseren Köpfen herumschwirren

mit Pausbäckchen und Flügeln.
Irgendwie menschlicher,
näher, erfahrbarer.

Ein Gedicht fällt mir ein
über Engel.
Da sagt Rudolf Otto Wiemer:

»Es müssen nicht Männer mit Flügeln sein,
die Engel.

Sie gehen leise, sie müssen nicht schrein,
oft sind sie alt und häßlich und klein,
die Engel.

Sie haben kein Schwert, kein weißes Gewand,
die Engel.

Vielleicht ist einer, der gibt dir die Hand,
oder er wohnt neben dir, Wand an Wand,
der Engel.

Dem Hungernden hat er das Brot gebracht,
der Engel.

Dem Kranken hat er das Bett gemacht,
er hört, wenn du ihn rufst in der Nacht,
der Engel.

Er steht im Weg, und er sagt: Nein,
der Engel,
groß wie ein Pfahl und hart wie ein Stein –

es müssen nicht Männer mit Flügeln sein,
die Engel.«

Soweit das Gedicht.

Und ich denke mir:
Es stimmt.
Es müssen nicht Männer mit Flügeln sein,
die Engel ...

Kein großer Auftritt,
kein großes Ereignis.

Ein Wort, das mich weiterbringt,
vielleicht;
einer, der mich verstehen kann
und will;
eine, die mich warnt

und auch hart mit mir redet,
wenn nötig –
und ich merke:
Es ist gut!

Engel?

Warum nicht?!,
sage ich

Ob der lebensmüde Elia,
von dem wir aus der Bibel hörten,
wirklich mehr hatte
als wir mit unseren Erfahrungen,
als er da unter dem Wacholderbusch hockte?

Besonders aufregend
war das sicher nicht.
Müde war er, kaputt,
niedergeschlagen und abgekämpft,
einfach fertig.

Und er sagt:
Es reicht!
Ich kann nicht mehr,
ich bin am Ende!
Am besten, Gott,
mach jetzt Schluß –
»Es ist genug, Herr!«

Und Gott
macht wohl Schluß –
aber anders,
als Elia hoffte:

Er macht Schluß mit dem Elend,
mit der müden Verzweiflung.
Einen Boten schickt er,
der zu dem Erschöpften sagt:
»Iß und trink!«
Gott will dich stärken
durch mich,
sagt er.
Ich komme
in deine Einsamkeit,
in deine Quälerei und Last.

Ich bringe dir frische Nahrung:
»Iß und trink, dein Weg ist noch weit!«

Solche Engel
brauchen wahrlich
keine Flügel,
nur Gottes Geist,
der ihnen Augen und Herzen öffnet,
und manchmal auch
den Mund.

Boten, Menschen,
die sich hinhalten mit dem,
was sie sind und haben von Gott,
diese Engel.

Aber
ist das alles
von den Engeln?

Ist das nicht einfach
ein nettes Bild
für nette Menschen?

Die Bibel spricht da doch noch
von »dienstbaren Geistern«,
wir haben es in der Lesung gehört (Hebr. 1,7.13 f.).

Sie sind unterwegs,
heißt es,
überall,
jederzeit,
zum Schutz,
zu unserm Schutz.

Schutzengel,
könnten wir sagen,
die uns in körperlicher Gefahr schützen,
die uns aber auch schützen,
wenn wir in Gefahr sind
zu verzweifeln,
aufzugeben,
den Glauben zu verlieren –
an Andere,
an Gott,
an die Welt
oder an uns selbst.

Engel,
dienstbare Geister,

Boten Gottes
auch hier –
unterwegs, uns zu schützen.

Und:
Engel
verbinden uns mit Gott,
heißt es.

Sie sind immer vor Gott,
dankend und lobend –
unvorstellbar für unsere kleinen Gehirne.

Was bei uns
oft genug
zu kurz kommt,
ist ihr Ein und Alles:
Gott loben, ihm danken
für die vielen Freundlichkeiten Gottes,
die unser Leben ausmachen.

Alles in allem:
Ohne Engel
wären wir arm dran,
könnten wir schlecht leben.

Sie erinnern uns an Gott.
Sie helfen und schützen uns.
Sie halten uns fest,
wenn wir uns verrennen.
Sie preisen und loben Gott,
mit uns und an unserer Stelle.

Unsichtbar
sind sie am Werk,
die Finsternis zu bekämpfen,
die nach uns greift.
Unsichtbar verbreiten sie
Gottes Licht.

Wenn wir heute morgen
der Einladung Gottes folgen
an seinen Tisch
bei Brot und Wein,
dann laßt uns feiern,
daß Gott immer neu unter uns ist,
nahe bei uns, unsichtbar und doch da;

und daß er immer neu
Nahrung hat
für unsern Weg,
heute wie morgen.

Und die Engel?
Gott wird uns genügend
umsorgen, beschützen und begleiten.
»Es kommt nur drauf an,
ob wir Gott heute zutrauen,
daß er seine Boten sendet
oder nicht.«

(Nach: Westermann, aus: Hürlimann, Der Engel vor deiner Tür, Verlag E. Kaufmann)

Seht euch dieses Brot an!

Zeichenpredigt mit der Hostie, Johannes 6,35 ff.   *Helmut Siegel*

Was braucht ein Mensch zum Leben?
Die Antworten sind verschieden, hängen davon ab, wen man fragt: Die
Sozialämter sagen XXX DM pro Monat, das braucht ein Mensch zum
Leben in unserem Land. Die Welthungerhilfe sagt: »Zwei Hände voll Reis
jeden Tag, die reichen in Asien zum Leben.«
»Gut«, werden Sie sagen: »Zum Überleben braucht ein Mensch dies vielleicht. Hat er das, wird er nicht sterben. Aber Leben ist doch mehr als nur
überleben.«
»Genau!«, rufen die Werbeplakate und Werbespots: »Zum Leben braucht
ihr einen schönen Urlaub!« Zum Leben, da braucht man den Genuß!«,
lockt die Reklame für Zigaretten und Alkohol. »Zum Leben braucht man
ein finanzielles Polster. Oder einen Kredit von uns!«, locken die Banken:
»Wir machen den Weg, deinen Lebensweg frei!«
Was brauchen wir zum Leben? Fragten wir nun einander, es kämen noch
mehr, ganz andere Antworten: Gesundheit, Freunde, Liebe, einen Arbeits-
platz, saubere Luft, – ach, es gibt so viele Antworten auf diese Frage.
»Dabei ist die Antwort ganz einfach!«, sagt Jesus von Nazareth, »mag sein,
daß ihr all das auch zum Leben braucht. Aber vor allem: Zum Leben braucht
ihr mich! Ich bin das Brot des Lebens, das Grundnahrungsmittel für euer
Leben.« Sie haben sich das gedacht, daß es darauf hinausläuft? In der Kirche
könnte auch nichts anderes gesagt werden, gerade heute, wo wir Abendmahl

feiern mit Brot und Wein. Eine fromme Antwort, eben schon oft gehört, aber – ehrlich gesagt – nicht so überzeugend. Sie haben recht. Natürlich muß sie geprüft werden, erläutert werden, damit sie überzeugend ist. Und das Abendmahl ist nichts anderes als eine wortlose Predigt dazu, der Versuch, uns zu zeigen, wie und warum Jesus Christus das Brot des Lebens ist.

Schon in der Form, in der wir es heute feiern, wird uns etwas gesagt. Es sagt: »«Ihr, die ihr vom Frühstück kommt, nachher zum Mittagessen geht, ihr habt genug zu essen, an Mittel zum Überleben fehlt es euch nicht. Darum habt ihr keine Mahlzeit nötig. Ihr seid ja oft genug satt. Vollgepfropft, übersättigt, überfüllt.»Ich biete euch nur das an, was ihr nötig habt«, sagt Gott, »dieses Stückchen Brot.«
PredigerIn hält eine große Hostie hoch.
»Und wieso haben wir dies Stückchen Brot nötig?«, fragen wir zurück: »Was ist schon Besonderes an diesem Brot?« Und ich stelle mir vor, der von sich sagt: »Ich bin das Brot des Lebens«, der würde es uns erklären. Vielleicht würde er es uns ganz anders erklären, als er es damals in seiner Rede dem Volk oder bei seinem letzten Mahl es den Jüngern erklärt hat.
Vielleicht würde er es uns so erklären:
»Seht euch dieses Brot an«, so würde er sagen, »ein kreisrundes Stück Brot, ganz glatt ist es.«
PredigerIn hält eine große Hostie hoch.
Wenn euch etwas gefällt,
wenn es an nichts fehlt, dann sagt ihr:
»Das ist eine runde Sache!«
und ihr meint damit: »Das ist rundherum gut!«
Wenn alles nach Wunsch verläuft,
das Geplante klappt ohne Pannen und Fehler,
dann sagt ihr:
»Es ist alles glatt gegangen!«
Und ihr meint damit: »Es ist alles gut gegangen!«
»Euer Leben!«
PredigerIn hält einen Teil einer vorher zerbrochenen großen Hostie hoch.
»Euer Leben sieht anders aus«, so würde er sagen,
»Euer Leben ist *keine* runde Sache,
es gefällt Gott nicht, es ist nicht vollkommen.
In eurem Leben, da vermißt Gott so manches.
In eurem Leben, da geht nicht alles glatt,
da gibt es Pannen, da macht ihr Fehler, da verläuft kaum etwas nach Gottes Wunsch.«
»Darum!«, sagt Christus, »braucht ihr mich. Ich will nichts von euch, ich gebe mich an euch. Wie Brot das verzehrt werden will. Darum habe ich mein Leben zerbrechen lassen wie Brot, das verteilt wird.
PredigerIn zerbricht die große Hostie. Im folgenden werden die beiden Teile der zerbrochenen Hostie immer wieder für alle sichtbar zusammengefügt.

Ich lasse mein Leben zerbrechen, damit Gott euer Leben nicht als unbrauchbar wegwirft.

Mein Tod macht euer Leben anders.

Wenn Gott nun auf euer Leben sieht, dann sieht er nun nicht mehr nur das Stückwerk,

das Zerbrochene, das Verpfuschte, das Fehlende.

Er sieht den Teil, den ich zu eurem Leben dazu gebe.

Er sieht mein Sterben an und sieht dann auf euer Leben.

Das ist nun eine runde Sache, das ist vollkommen, das ist ohne Kanten, glatt.

»Das ist das *Erste*«, würde Christus sagen.

Darum braucht ihr mich so nötig wie der Hungernde das Brot:

Ihr und ich,

eure Schuld und mein Tod,

die gehören zusammen, die müssen zusammenkommen.

Erst dann ist euer Leben rundherum gut.«

Kurzes, meditatives Zwischenspiel (der Orgel)

»Ach, ein kleines Stückchen Brot, Jesus!«

Während des ganzen folgenden Abschnitts hat d. PredigerIn eine Hostie in der Hand, auf die er an bestimmten Stellen (Erwähnung des Brotes etc.) die Aufmerksamkeit lenkt.

So sagen wir:

»Etwas, was unser Bauch gar nicht merkt. Noch nicht einmal als Happen für Zwischendurch geeignet. Das soll so wichtig sein? So ein Bißchen, das nicht satt macht.«

Und Jesus, stelle ich mir vor, würde es uns erklären und sagen:

»Dieser Bissen ist wichtig.

Er ist nicht zum Sattmachen, aber:

Er ist da für alle, die es satt haben:

die sich selbst satt haben, die die anderen satt haben,

die ihr Leben satt haben.

Für die ist dieser Bissen wie Medizin.

Jeder von euch weiß, wie wichtig Medizin ist.

Dies Stück Brot ist Medizin für Notfälle.

Und ihr *seid* Notfälle, egal, wie es euch geht.

Euer Menschsein ist in Gefahr.

Ihr seid in der Gefahr nicht mehr zu leben, sondern nur noch zu funktionieren.

Ihr seid in der Gefahr, nicht Menschen, sondern nur noch Käufer und Verbraucher zu sein.

Dies Stückchen Brot ist Medizin. Sie lenkt euren Blick auf das Wesentliche, auf das, was ihr braucht, um Menschen zu bleiben. Was eure Seele braucht wie euer Körper zumindest Wasser und Brot.

Wenn du von deiner Schuld fast erdrückt wirst, wenn dein Herz rast und ganz laut klopft, so daß du meinst:
»Jetzt klopft der Tod an!«
Wenn du mich verloren hast, in all den Waren und Angeboten, und dem Arbeiten und Sorgen, dann ist dieses Brot Medizin, die weiterhilft.
Denn dieser Bissen bringt mich zu dir.
Ja, ich, das Brot des Lebens, gebe mich in deine Hand und komme zu dir.
Und ich nehme dir die Bitterkeit,
die auf deiner Zunge liegt.
Ich nehme dir die Angst,
die dir schier das Herz abdrückt.
Ich nehme dir dein Versagen,
das dir schwer im Magen liegt und
die immer wieder hochkommende Verzweiflung.
Nimm mich auf, vertrau mir nur, sagt Christus.
Du wirst sehen, dies Stück Brot schafft das.
Ich gebe dir mit ihm wieder Mut zum Leben.
Ich gebe dir mit ihm wieder Hunger auf Morgen,
das Brot des Lebens läßt dich wieder aufleben und aufatmen und es gibt dir die Kraft und den Mut, Brot für die zu sein, die dich brauchen.
Das ist das *Zweite*, sagt Jesus, weil ihr bei allem, was ihr habt, voll Hunger und Sehnsucht nach Leben seid, weil ihr Notfälle seid, ist dies Brot Medizin für euch.
Ich weiß:
Dein Leben ist beschwerlich,
deine Hoffnung oft auf dem Nullpunkt,
dein Glaube klein,
deine Kraft erschöpft
und deine Seele zerstreut in den vielen Dingen.
Weil ich das weiß,
darum biete ich mich dir an. Mich hat es alles gekostet, dich kostet es nichts.
Du brauchst mich nur nehmen.
Und weil niemand, liebe Gemeinde, vom Ansehen satt wird, weil niemand das Brot des Lebens schmecken kann, der nicht davon probiert, weil es nicht wirken kann, an uns und in uns und durch uns, wenn wir es liegen lassen, darum sind wir alle eingeladen: »Kommt und eßt! Schmeckt und seht, wie freundlich der Herr unser Gott ist!«

Das Abendmahl – ein göttliches Stärkungsmahl

1. Korinther 11,23–29   *Sigrid Lunde*

Unter der Überschrift »Richtige Feier des Herrnmahls«, liebe Gemeinde, stehen diese Bibelverse in meiner Stuttgarter Jubiläumsbibel, dem Geschenk meiner Mutter am Anfang meines Studiums. In der letzten Ausgabe der Lutherbibel heißt es nur noch »Vom Abendmahl«. Aber sie stehen nun einmal da – diese Sätze des Paulus an die Gemeinde der Hafenstadt Korinth: »... wer nun unwürdig ißt und trinkt, der ißt und trinkt sich selber zum Gericht.«
Ich erinnere mich an manches Gespräch über den rechten bzw. unrechten Gebrauch des Abendmahls. Vorige Woche gab es erst wieder eine Anfrage bei einem Empfang und eine weitere mitten auf einer von Autos gemiedenen schneedurchfurchten und in der Sonne glitzernden Nebenstraße. »Früher«, so hieß es da wieder ein bißchen wehmütig, »war alles ganz anders als heute. Da war es nicht nur wichtig, zum Abendmahl zu gehen, sondern es richtig vorbereitet zu tun. Man ging nicht so oft, aber ernster und feierlich gestimmt.«
Können wir uns am Altar Brot und Wein – wie Paulus sagt – tatsächlich zum Gericht essen und trinken? Paulus schreibt, das geht aus dem weiteren Briefinhalt hervor, an eine Gemeinde, in der es Brauch geworden war, dem Abendmahl ein Sättigungsmahl voranzustellen. Und es hatte sich die Unsitte eingeschlichen, daß es hier zum Sättigen der ohnehin meist Satten gekommen war. Nur den Gutgestellten der Gemeinde war es überhaupt möglich, sich zur festgesetzten Stunde an die gedeckten Tische zu setzen. Für die Ärmeren und Armen endete der Arbeitstag, die Sklavenschinderei, in der Regel erst, wenn das Sättigungsmahl sein Ende gefunden hatte. Sie kamen gerade noch rechtzeitig, um den Leib des Herrn zu empfangen.
Für Paulus stand fest: Hier wird das Abendmahl unwürdig, ungeprüft gefeiert. Hier muß etwas zurecht gerückt werden. Es geht nicht, daß im Gottesvolk die Religion, nicht aber die Bedürfnisse des Leibes und täglichen Lebens geteilt werden. Das Mahl der Liebe Jesu mit seiner Jüngerschar darf nicht zum lieblosen Mahl verkommen! Die biblische Nagelprobe für unsere Liebe zu Gott, daß sie die von ihr untrennbare Liebe gerade zum unter die Räuber gefallenen Nächsten weckt, wird in Korinth nicht bestanden.
Ich denke, wir haben es bis heute nicht leicht mit den warnenden und mahnenden Sätzen des Paulus an die Korinthische Gemeinde. Sie können uns durchaus wieder beschweren angesichts des Elends auf der ganzen Erde, das uns täglich mit Bildern und Texten bewußt gemacht wird.
Und wir haben noch ein Problem über diese durch unbekämpfte Ungerechtigkeit verletzte Gemeinschaft des Gottesvolkes hinaus. Das Abendmahl

selbst ist zum Zeichen der zerbrochenen Gemeinschaft geworden. Die Lehre vom Herrenmahl, vom Abendmahl trennt das Gottesvolk nun schon länger als 4 1/2 Jahrhunderte. Wir haben, denke ich, nicht beachtet, daß wir uns beim Sakrament des Abendmahls mit einem göttlichen Geheimnis abzufinden und letzte Unergründlichkeiten anzuerkennen haben. Wir haben versäumt, zu lernen, wo wir aufhören müssen, Fragen zu stellen und Antworten zu suchen. Enthusiasten der Lehre vom richtigen Abendmahl wollen sicher das Gute, aber vielleicht doch des Guten zuviel. Und damit beginnt oft das Böse.

Viele denken heute darüber nach, ob ein Rückschnitt der Lehre nicht nötig ist. Wir wissen, daß auch Bäume, Sträucher, unsere Weinstöcke besser tragen, wenn die »übertriebenen« Zweige herausgeschnitten werden. Das Urteil der jungen Menschen über die übertriebenen Zweige kirchlicher Lehre ist schon Jahrzehnte alt: »Sie gaben uns keinen Gott mit, der unser Herz hätte halten können.« (Wolfgang Borchert)

Unseren Glauben, das spüren allerdings jetzt auch die Älteren, können wir immer schwerer mit Lehrsätzen beschreiben. Wir erleben ihn in bestimmten Augenblicken, Situationen als Lebenshilfe, als »Licht auf unserem Wege«. Und wir erfahren ihn anders, wenn wir jung und anders, wenn wir alt sind. Wir erfahren ihn anders in Zeiten, in denen wir in einem geordneten Alltag leben und anders, wenn dieser Alltag plötzlich nicht mehr geordnet ist, Abstürze, Krankheiten unser Leben verwüsten.

Ich bin ratlos, wenn ich unmißverständlich sagen soll, was richtiger, würdiger Glaube und richtiger Empfang des Abendmahls sind. Aber vielleicht sagt uns dazu noch eine Geschichte etwas – eine einigen von Ihnen vielleicht bekannte Kurzgeschichte. »Brot« ist ihr Titel, und sie stammt von dem jung verstorbenen Dichter, dessen 50. Todestag in dieses Jahr (1997) fällt: Wolfgang Borchert. Todkrank kam er 1945 vierundzwanzigjährig, verwundet und gezeichnet von unmenschlichen Haftstrafen u.a. für mutige Briefworte zum Soldatentod für »nichts und wieder nichts«, ins zerbombte und hungernde Hamburg zurück.

Ich kürze noch einmal seine berühmt gewordene Kurzgeschichte! Eine ältere Frau wacht »plötzlich« in der Nacht auf. In der Küche – so ist es ihr – hat jemand gegen einen Stuhl gestoßen. Die Hand tastet über das eigene Bett hinweg nach dem ihres Mannes und findet es leer. Sie steht auf, tappt zur Küche und macht das Licht an. Und dann stehen sich Mann und Frau im Nachthemd gegenüber, nachts 1/2 3 Uhr.

Auf dem Küchentisch steht der Brotteller. Und die Frau sieht, daß ihr Mann sich Brot abgeschnitten hat. Das Messer liegt noch neben dem Teller, und da sind die Brotkrümel. Die Frau sieht schnell weg. Sie schämt sich für ihren Mann. »Ich dachte, hier wäre was« hört sie ihren Mann sagen. »Ich habe auch was gehört«, antwortet sie schnell. Sie sieht, wie alt er aussieht, so im Hemd in der Nacht. So alt wie er ist: 63 Jahre. Tagsüber sieht er manchmal jünger aus. Mann und Frau stehen beklommen voreinander, sie müssen durchstehen, was das Leben, was sie einander aufgeladen haben.

Die Frau kommt dem Mann dann zu Hilfe. »Komm man«, sagt sie. »Das war wohl draußen. Komm man zu Bett. Du erkältest dich noch. Auf den kalten Fliesen.« Und als sie im Bett liegen, sagt sie auch noch: »Das war wohl draußen ... Die Dachrinne schlägt immer bei Wind gegen die Wand.« »Wind ist ja«, meint der Mann. »Ja, Wind war schon die ganze Nacht ...« Und er sagt es, als ob er schon wieder halb im Schlaf wäre. Aber die Frau merkt, wie unecht seine Stimme klingt. »Es ist kalt«, sagt sie und gähnt leise, »ich krieche unter die Decke. Gute Nacht!« »Nacht«, antwortet der Mann, »ja, kalt ist es schon ganz schön.«

Und dann ist es still. Nach vielen Minuten hört die Frau, daß der Mann leise und vorsichtig kaut. Sie atmet absichtlich tief und gleichmäßig, damit er nicht merkt, daß sie noch wach ist. Und sein Kauen ist so regelmäßig, daß sie nun tatsächlich darüber einschläft.

Als der Mann am nächsten Abend nach Hause kommt, schiebt die Frau ihm vier Scheiben Brot hin. Sonst hat er immer nur drei essen können. Und die Frau sagt und geht von der Lampe weg: »Du kannst ruhig vier Scheiben Brot essen. Ich kann dies Brot nicht so recht vertragen. Iß du man eine mehr. Ich vertrage es nicht so gut.«

Die Frau sieht, wie der Mann sich tief über den Teller beugt. Er sieht nicht auf, und in diesem Augenblick tut er ihr leid. »Du kannst doch nicht nur zwei Scheiben essen«, sagt er, ohne von seinem Teller aufzusehen. »Doch«, sagt sie, »abends vertrag ich das Brot nicht gut. Iß man. Iß man.« Und erst nach einer Weile setzt sie sich unter die Lampe an den Tisch zurück. (Wolfgang Borchert »Das Gesamtwerk«, 1989, S. 304 ff.)

Mann und Frau bleiben in dieser Kurzgeschichte von Wolfgang Borchert namenlos. Jeder und jede von uns kann hier, wo so viel mehr erzählt wird als eine Geschichte über eine weitere Scheibe Brot, den eigenen Namen einsetzen. Es ist eine Schuldgeschichte, die zur Liebesgeschichte wird.

Wir alle kennen die Situation, wo wir – wie wir sagen – ganz schön alt voreinander aussehen. Wir fühlen uns elendig ertappt, entlarvt. Wir haben versagt, nachgegeben, haben uns von unbeherrschbarem Lebenshunger treiben lassen. Und wozu er uns drängte, das ging auf Kosten des Anderen, der Anderen, gegen die es gar nicht gehen sollte.

Und dann stehen wir da, beschämt, arme, elende Menschen, die nicht Herr im eigenen Haus sind. In unserer Geschichte sagt die Frau dann begütigend zu dem Mann: »Iß man. Iß man.« Und sie sagt mit diesen Worten: »Laß man, es ist alles wieder gut.«

Die Liebe der Frau, die sehende, nicht übersehende Liebe ist, macht Frieden mit aller Verkehrtheit und allem Gefallensein. Das Ende der Kurzgeschichte ist ein »Anruf« (S. Unseld): Die Liebe kann leben mit dem Mangel! An ihm zu leiden, entscheidet sie, ist nicht die einzige Möglichkeit, mit ihm umzugehen. Die Liebe dringt durch zu neuen barmherzigen

Lebensmöglichkeiten, überläßt den Entlarvten nicht endlos seiner Scham. »Der Mensch prüfe sich aber selbst ...«, schreibt Paulus. Ich verstehe ihn so, daß es Paulus um das Aufdecken der falschen und um das Gewähren von neuen Lebensmöglichkeiten geht. »Iß man. Iß man«, sagt Gott, sagt Gottes Liebe im Abendmahl zu uns. Wir sollen unseren Lebenshunger stillen, aber nicht mehr ohne- und gegeneinander, sondern miteinander – miteinander als Starke und Schwache, als Menschen, die die Tage ihres Lebens nicht verlängern, aber mit mehr Liebe füllen können.

Und ich denke, neben allem, was das Abendmahl auch noch ist, ist es immer wieder vorallem ein göttliches Stärkungsmahl. Wir gebrauchen es richtig, wenn wir uns kräftig stärken lassen, ein bißchen mehr recht als schlecht, ein bißchen begütigender, behutsamer, liebevoller miteinander umzugehen.

Gott läßt bitten

2. Korinther 6,1-10   *Helmut Herberg*

Gott läßt bitten,
dich bitten.
Und du sagst:
Mich, mich doch nicht!
Ich bin so voller Zweifel!
Mich, mich doch nicht!
Wenn ich wenigstens gesund wäre.
Er schüttelt den Kopf.
Doch, dich, gerade dich!, antwortet er.
O Gott, entgegnest du,
wenn du wüßtest,
es ist ja nicht nur das,
es ist viel mehr.
Wenn ich es dir nur erklären könnte.
Weißt du, ich kann mit den aufgeblasenen frommen Sprüchen, entschuldige, ich wollte sagen, ich kann mit der religiösen Sprache gerade nichts anfangen.
Es sind leere Begriffe für mich, Worthülsen:
Erlösung, Gnade, Barmherzigkeit ...
Wenn ich sie dem Leben aussetze, schmilzen sie wie Schnee in der Frühlingssonne.

Verstehst du, ich passe nicht ins Schema,
ich bleibe lieber draußen.
Ja, ich bin froh, dir das mal so offen sagen zu können.
Viele erschrecken, wenn ich andeute, daß mir vieles zutiefst fraglich geworden ist.
Außerdem, irgendwie sind die meisten ein bißchen verklemmt,
die Christen und ich will nicht schon wieder ausrutschen,
so scheinfreundlich.
Aber ich will mich nicht auf die frommen Sprücheklopfer berufen. Wie bereits gesagt: Es sind meine eigenen Probleme, meine Zweifel, meine Unfähigkeit zu glauben.
Es fällt schwer, einen Sinn in meinem Leben zu entdecken,
die Ereignisse miteinander zu verknüpfen.
Ich kämpfe gegen die Eintönigkeit, gegen den Grauschleier, der sich auf die Farben legt.
Ich bekämpfe die schleichende, im Morgengrauen mich anfallende Traurigkeit.
Gegen die Unlust zu leben.
Ich bekämpfe die in mir hausende Krankheit.
Sag selbst, ist nicht das Leben ein einziger Kampf?

»Wenn Flut ist, darfst du nicht gegen die Wellen kämpfen«, sagt er in schroffen Ton, schüttelt dabei den Kopf und fügt hinzu: Wie ich höre, badest du gerne; badest gerne in deinem Selbstmitleid. Ein schönes Spiel, dein Kokettieren und Lametieren mit deinen Schwächen mal in Dur und mal in Moll.
Spieglein, Spieglein an der Wand ...
Dein sehnsüchtiges Schielen nach übermenschlicher Größe:
ein unwiderstehlich liebender, ein kerngesunder, ein mutiger, ein fröhlicher, ein quicklebendiger, ein reicher, ein berühmter Mensch möchtest du sein.
Und jede Zeitschrift, die du aufschlägst macht dir ein schlechtes Gewissen: Dir fehlt noch was, du müßtest erst noch ... du solltest ... wenn du erst mal, dann ...
»Nicht nur da, Herr«, werfe ich ebenso energisch ein, nicht nur da, auch in deinem Hause, den Gotteshäusern höre ich:
Du mußt nur glauben, und gib die Hoffnung nicht auf! Sei stark! und ...
überall Forderungen. Aufrufe zum Kampf.
Ja, sagt er und schaut mich lange an.
Du hörst, was Dir hilft, dich zu verstecken, dich zu tarnen.
Und dabei lügst du dir ständig in die Taschen.
Wunderst und ärgerst dich dann, daß die ausgebeulten Taschen dich dick machen.
Noch 10 Minuten, sagst du dir am Morgen. Noch 10 Minuten im Bett blei-

ben, und dann rennst du den ganzen Tag diesen 10 Minuten nach und vermeidest Zeiten der Stille.

Und am Abend: Nur eben die Tagesschau und dann versitzt du die tagsüber eingesparte Zeit vor dem Fernseher. Vermeidungsstrategie, mein Lieber, raffinierte Vermeidungsstrategie.

Du bist krank und bildest dir ein,
jetzt weniger Mensch zu sein,
weniger wert, weniger geliebt, weniger in den Augen Gottes.

Spieglein, Spieglein an der Wand ...

Darin gleichst du den frommen Sprücheklopfern:

Während sie sich hinter frommen Phrasen verstecken, versteckst du dich hinter glatten Wünschen.

So vermeidet ihr Menschwerdung, so vermeidet ihr Leben.

Ihr kämpft gegen eure Zweifel und darüber verhungern Kinder in Bosnien.

Ihr bekämpft eure innere Leere und schaut zu, wie jeden Tag die Welt um einige Tier- und Pflanzenarten ärmer wird.

»Ihr«, er stockt, »ihr habt eure Krämerseele auf mich übertragen. Nein, ich bin nicht der weiße Riese, der die Dunkelheit aus eurem Leben putzt.

Ich liebe die Kinder mit den schmutzigen Händen.

Es stört mich nicht, wenn sie beim Spielen vergessen, die Nase zu putzen.

Ich bin stolz auf die Hoffenden, die mit zitternden Händen Brücken bauen.

Ich liebe die Kranken, die ihren Infusionsständer in die Cafeteria schieben und damit sagen: Wir sind krank, aber wir gehören zu euch, zu euch Gesunden und Halbgesunden.

Ich liebe die Clowns mit der Träne im Auge. Und die Süchtigen, die immer noch suchen.

Ich liebe die Habenichtse, die keine Gelegenheit auslassen, das Wenige, was sie besitzen, durch Teilen zu vermehren.

Ich mag sie, die Hemdsärmeligen, sie haben den Anschein von Unempfindsamkeit, die Zupackenden. Aber Ertrinkende brauchen den festen Griff.

Ich höre euch zu, den Stotternden und Stammelnden, wenn ihr euch einmischt mit euren Spruchbändern:

»Jeder Mensch ist Ausländer, fast überall auf der Welt.«

»Asyl ist Gottesrecht.«

»Reichtum falsch verteilt schafft Armut weltweit.«

Oder wenn ihr versucht, das nachzusprechen, was Menschen vor euch formuliert haben:

»Als die Sterbenden und siehe wir leben, ...

als die Traurigen aber allzeit fröhlich

als die Armen, aber die doch viele reich machen,

als die nichts haben, und doch alles haben.

Ich höre und glaube euch.

Ja, ruft er lachend, ich liebe sie, die Gottesleugner, die bei den Aidskranken bleiben auch dann, wenn es ans Sterben geht.

O, ihr werdet euch einmal wundern, ihr Christen, wer alle an meinem Tisch
Platz haben wird.
Eigentlich solltet ihr es ja von Jesus, den ihr den Sohn nennt, wissen.
Ja, er ist mein Sohn, weil er mich ernst nimmt als den bedingungslos lie-
benden Gott.
Ihr aber, ihr bedingt, wenn ihr liebt.
Ihr bedingt, wen ihr liebt.«
Er weinte, als er das sagte, und mit Tränen in den Augen fügte er hinzu:
Kommt, denn es ist alles bereit.
Schöpft! Der Brunnen ist tief.
Je mehr ihr schöpft, umso mehr fließt nach. Umsonst.
Kommt, ich lasse bitten,
euch, dich bitten zum Leben.

Brot des Lebens

Ulrike Heimann

Wir feiern in diesem Gottesdienst das Abendmahl – ein Mahl der Stärkung,
Zeichen für Vergebung und Neuanfang, Wegzehrung für unseren Lebensweg. »Brot des Lebens« wird uns angeboten und der »Kelch der Heils«, so
heißt es in alten liturgischen Formulierungen.
Ich möchte diese Predigt dazu nutzen, einmal mit Ihnen darüber nachzudenken, um was es bei diesem »Brot des Lebens« geht, welche Rolle »Brot«
in unserem Leben und für unser Leben spielt. Wovon leben wir? Ist »Brot«
etwas anderes als »Brot des Lebens« – und wie wichtig ist uns das eine und
das andere?
Wovon leben wir? Oft hieß und heißt es: »Wovon leben wir eigentlich?«
Und dann taucht die Vorstellung auf, daß das »Brot des Lebens« das eigentliche sei und das »Brot« nur das zweitrangige – gerade vom Glauben her.
Doch um es ganz deutlich zu sagen: Das ist nicht biblisch. Sondern in der
Bibel wird umfassend nach dem gefragt und gesehen, wovon der Mensch
lebt. Und zwar der Mensch als einer, der nicht einen Leib und eine Seele
hat, wobei die Seele das angeblich wertvollere Teil ist, sondern der Mensch
als einer, der Leib und Seele ist. Daß er als solcher am Leben bleibe, ein
gutes Leben führe, daß er nach Leib und Seele glücklich sein soll, dazu
möchten viele biblischen Texte anleiten, das ist ihr Thema. Sehen wir einmal danach, wie Jesus es mit dem »Brot« und dem »Brot des Lebens« gehalten hat.

Sie alle kennen sicher die Geschichte von der wunderbaren Brotvermehren, die »Speisung der 5000«. Jesus hatte einen ganzen Tag über zu einer großen Menschenmenge gesprochen. Es muß wohl eine interessante und gute Predigt gewesen sein, daß die Menge so lange ausharrt, bis es Abend wird. Alle sind hungrig. Zeit zum Essen. Für die Jünger Jesu ist klar: Zeit zum Nach-Hause-gehen. »Sag ihnen, sie sollen nach Hause gehen oder sich in den umliegenden Gehöften etwas zu essen besorgen«, so wenden sie sich an Jesus. Doch Jesus sieht das anders. Er sagt gerade nicht: Hauptsache, ich habe die Seelen mit geistlicher Nahrung gespeist. Sondern er fordert seine Jünger auf: Gebt ihr ihnen zu essen. Der leibliche Hunger ist Jesus genauso wichtig wir der geistige und geistliche. Und für ihn ist der leibliche Hunger keine Privatsache, die jeder für sich zu lösen hat, sondern eine Aufgabe für die Gemeinschaft. Jesus geht den Hunger der vielen dadurch an, daß er seine Jünger austeilen läßt, was eben da ist. Und was mit den Augen der Besorgnis und des Kleingeistes, der nur an das eigene Sattwerden denkt, so wenig aussieht – nur 5 Brote und zwei Fische – das wird unter den teilenden und austeilenden, zum Abgeben bereiten Händen so viel, daß alle satt werden und noch eine Menge übrig bleibt.

Brot: Das ist nicht nur etwas Materielles, zur leiblichen Stärkung Dienendes, sondern bei Jesus hat es auch immer eine geistliche Dimension. Und zwar gerade für den, der es hat, der darüber verfügen kann. Ist dieser Mensch bereit, sein Brot nicht nur als Gabe an ihn zu sehen, sondern auch als Aufgabe, nämlich es mit denen zu teilen, die weniger oder nichts haben? »Gebt ihr ihnen zu essen« – das Teilen von Brot ist eine Anfrage an unseren Glauben. Es geht nie nur um Brot für den Leib, sondern darum, ob wir Gottes Segen weitergeben, der immer Leib und Seele umfaßt.

Mir fällt da die Kollekte ein, die ja ein wichtiger Bestandteil jedes Gottesdienstes ist, auch wenn das viele gar nicht mehr wissen. Oft ist sie bestimmt für Menschen, die unter unvorstellbaren Nöten leiden, die z. B. als Flüchtlinge vor Krieg, Bürgerkrieg oder Umweltkatastrophen in Lagern sitzen und deren nacktes Überleben davon abhängt, ob sie Brot bekommen – und das heißt, ob wir Menschen in den reichen Ländern bereit sind, ihnen von unserem Brot abzugeben, beispielsweise in Form einer Kollekte.

Brot zum Überleben – Brot zum Leben. Für Jesus keine zweitrangige Sache. Als Menschen, die Leib sind, brauchen wir Nahrung, Kleidung, ein Dach über dem Kopf, Gesundheitsfürsorge. Nun gibt es allerdings da ein anderes Wort, das uns von Jesus überliefert ist, das für viele Mißverständnisse gesorgt hat, den berühmten Satz »Der Mensch lebt nicht vom Brot allein, sondern von einem jeglichen Wort, das aus dem Mund Gottes kommt.« (Mt. 4,4)

Viele Auslegungen haben diesen Satz dazu mißbraucht, das Brot abzuwerten, als wenn Jesus gesagt hätte »Der Mensch lebt nicht vom Brot«. Doch so heißt es ganz ausdrücklich nicht. Der Mensch lebt vom Brot, aber nicht nur, sondern er braucht mehr, um zu leben. Dieses Mehr wird umschrieben in der zweiten Satzhälfte: »sondern von einem jeden Wort, das aus dem Mund Gottes kommt«. Was ist damit gemeint? Eine gute Predigt, die frohe Botschaft, die Verkündigung des Evangeliums? Etwas Spirituelles, Geistiges, etwas, das man nicht anfassen, nicht begreifen kann wie man es mit dem konkreten Brot kann?

Ich habe eine Geschichte gefunden, die auf ihre Weise die beste Auslegung dieses Satzes aus dem Matthäusevangelium ist, die ich kenne. Sie schildert eine Begebenheit, die uns von dem Dichter Rainer Maria Rilke erzählt wird. »Während seines Pariser Aufenthaltes ging Rilke täglich um die Mittagszeit in Begleitung einer jungen Französin an einer alten Bettlerin vorbei. Unbeweglich saß die Frau da und nahm die Gaben ohne jeglichen Dank entgegen. Der Dichter gab ihr zur Verwunderung seiner Begleiterin, die selbst immer eine Münze bereit hatte, nichts. Darüber befragt, sagte er: ›Man müßte ihrem Herzen schenken, nicht ihrer Hand.‹ An einem der nächsten Tage erschien Rilke mit einer wundervollen Rose. Ah, dachte das Mädchen, ein Blume für mich! Aber Rilke legte die Rose in die Hand der Bettlerin. Da geschah etwas Merkwürdiges: Die Frau stand auf, griff nach seiner Hand, küßte sie und ging mit der Rose davon. Eine Woche lang blieb sie verschwunden. Dann saß sie wieder auf ihrem Platz. ›Wovon mag sie die ganzen Tage über gelebt haben?‹ Rilke antwortete: ›Von der Rose!‹.«

Die Rose, sie steht hier für die Achtung, für die Wertschätzung, die ein Mensch erfährt, von der der Mensch auch lebt. Jeder von uns braucht nicht nur Brot, sondern auch »Rosen«. Geachtet zu werden, geliebt zu werden, das ist kein überflüssiger Luxus, sondern lebensnotwendig. Das Wort, das aus Gottes Mund kommt, das ist solch eine »Rose«, das ist die Bekundung: Du bist mir wichtig und wertvoll, ich habe dich lieb.

Und genauso wie wir das Brot nicht nur als Gabe an uns zu sehen haben, sondern auch als Aufgabe, es weiterzugeben, so verhält es sich auch mit den »Rosen«. Was wir an Liebe von Gott empfangen haben und empfangen, das sollen wir weitergeben, dafür sind wir verantwortlich. Wir sind berufen, anderen durch Worte, durch Zeichen zu sagen: Du bist wichtig, du bist ein wertvoller Mensch. Wir brauchen solche »Rosen«, weil wir Menschen Wesen mit Seele sind.

Wenn wir das alles bedenken, was bedeutet es dann, daß wir Jesus »Brot des Lebens« nennen, bzw. daß er uns nahekommt als der, der uns das »Brot des Lebens« reicht, schenkt?

Für mich heißt das: Jesus nimmt uns als ganze Menschen wahr, er sieht unsere Bedürftigkeit nach Leib und Seele. Er will, daß wir in Hinblick auf beide satt und glücklich werden. Er steht ein für »Brot und Rosen«. Er nimmt unseren leiblichen Hunger genauso ernst wie unsere Sehnsucht nach Zuwendung, Anerkennung, Wertschätzung und Liebe.

Es kommt nicht von ungefähr, daß Jesus in vielen Liedern und alten Texten der Liturgie mit dem Symbol der Rose in eins gesetzt wurde – wie in dem Weihnachtslied »Es ist ein Ros' entsprungen« oder in dem Marienlied

»Maria durch ein Dornwald ging«, wo die Dornen »Rosen« getragen haben. Jesus nimmt uns wahr und ernst mit Leib und Seele. Das ist seine Gabe an uns – und gleichzeitig wieder eine Aufgabe für uns, nämlich es ihm gleichzutun und unsere Mitmenschen so ganzheitlich wahrzunehmen und uns ihnen zuzuwenden, wie er es uns vorgelebt hat.

In dem Gottesdienst wurde dann das Abendmahl gefeiert. Nach der Austeilung von Brot und Kelch erhielt jeder Teilnehmer und jede Teilnehmerin eine Rose.
Die Kurzgeschichte fand ich in dieser Version bei Peter Klever, Gottesdienste anders feiern, Lahr 1992, Seite 120.

Traubenkreuz

Klaus Zillessen

Zwei Männer tragen gemeinsam ein Holz, eine Stange, und daran hängt eine reiche, schwere Traube.
Das aus Eisen geschmiedete Bild könnte die nostalgische Werbung eines Weingutes sein oder von einem Bildstöckle aus süddeutschen Weinbergen stammen. Aber es ist das Überbleibsel eines schmiedeeisernen Oberlichtfensters der vor 250 Jahren erbauten Mannheimer Synagoge, die in der »Reichspogromnacht« ein Opfer blinden Hasses geworden ist. Heute findet man das schmiedeeiserne Bild von den Männern mit der Traube an der Stange in einem Mannheimer Museum.
Nach der biblischen Überlieferung heißen die beiden mit der schweren Traube an der Stange Josua und Kaleb. Josua und Kaleb – zwei Kundschafter, von Mose ausgesandt, um das von Gott verheißene Land zu erkunden. Als Zeichen und Unterpfand der von Gott verheißenen reichen Zukunft bringen sie die schwere volle Traube mit. Im 4. Buch Mose lesen wir darüber: »Kaleb und Josua gingen hinauf und erkundeten das Land. Sie schnitten dort eine Rebe ab mit einer einzigen Weintraube und mußten sie zu zweit an einer Stange tragen.« Nach ihrer Rückkehr berichteten sie dem Volk: »Wir sind in dem von Gott verheißenen Lande gewesen. Es fließt wirklich Milch und Honig darin, und dies sind seine Früchte.«
Die reiche schwere Weintraube – das Urbild des von Gott verheißenen Lan-

116

des, Urbild aller Gottesverheißungen. Und schon damals löst die große Verheißung nicht nur Vorfreude aus, sondern die bange Frage: Werden wir jemals die Verheißung erlangen? Die Verheißung – beflügelt sie uns, oder treibt unser Kleinglaube uns in Resignation? Ist Gottes Verheißung in für uns unerreichbarer Ferne?

Zwei Männer tragen gemeinsam ein Holz. Und so, wie es dieses Bildwerk zeigt, ist das Holz keine Stange, sondern ein Kreuz. Damals in jener Woche in Jerusalem, trug einer sein Kreuz, und ein anderer half ihm, wurde gezwungen, ihm tragen zu helfen. Der eine hieß nicht Kaleb sondern Simon von Kyrene. Und der andere hieß nicht Josua, aber ähnlich (es ist eigentlich dasselbe Wort): JESUS. In unserer Sprache bedeutet beides »Gott hilft«. Simon von Kyrene und Jesus von Nazareth tragen gemeinsam das Kreuz, das Werkzeug des Leidens und zugleich Zeichen dafür, daß Gott hilft. Er hilft gerade, wenn es scheint, als habe er uns verlassen und als seien alle von allen guten Geistern verlassen.

Simon von Kyrene und Jesus von Nazareth tragen das Kreuz, und an dem Kreuz hängt – unsichtbar – die reiche schwere Traube, das Zeichen und Unterpfand der Zukunft und des Gottesreiches. Noch wenige Stunden vorher, am Gründonnerstagabend, hatte Jesus, der Kreuzträger, den Seinen den Kelch mit dem Saft der Trauben gereicht und gesagt: Für euch! – Als Unterpfand für den Tag, an dem ich es neu trinken werde mit euch in meines Vaters Reich.

Die Traube, Frucht seines Leidens und Sterbens, Zeichen des Verheißenen, des Gottesreiches, Unterpfand der Zukunft. Wenn wir jetzt das Abendmahl feiern, vom Brot des Lebens essen, vom Gewächs des Weinstocks trinken, von der Frucht seines Leidens, dann ist das Unterpfand der Zukunft, die er uns schenken will, Zeichen und Unterpfand seines und unseres Vaters Reich.

Werden wir uns freuen – oder zerfrißt unser Kleinglaube die Hoffnung? Frucht des Weinstocks für uns ... bis er es aufs neue mit uns trinken will in seines Vaters Reich.

Anregungen
und Beispiele

Auf dem Weg zu wahrer eucharistischer Gemeinschaft

Mehr als eine Problemanzeige   *Reinhard Kirste*

Abendmahl im Spannungsfeld

Im Jahre 1957 hat Kurt-Dietrich Schmidt im Rahmen der Arbeiten des Ökumenischen Ausschusses der VELKD zur Frage der Kirchen- und Abendmahlsgemeinschaft sich dazu geäußert, wer vom Abendmahl auszuschließen sei (Koinonia 1957: Seite 135):
»Auszuschließen sind demnach ... nur die, von denen bekannt ist, daß sie Christus leugnen, oder die, die den Vergebungszuspruch Gottes, der im Abendmahl erfolgt, bewußt ablehnen oder verachten. Da ist der Fall klar. Für welche Denominationen müßte dieser Trend vorausgesetzt werden? Das wäre konkret zu untersuchen.«
K.-D. Schmidt hat sich der Frage damals natürlich nur konfessionell und nicht interreligiös gestellt. Aber seine Frage ließe sich zuspitzen: Welche andere Religion oder zumindest welche ernsthafte Gläubige einer anderen Religion leugnen denn ernsthaft die Heilsbedeutung Jesu Christi, wie sie sich im Abendmahl »elementarisiert«? Die meisten werden wahrscheinlich nicht die Heilsbedeutung des Abendmahls für sich selbst akzeptieren, aber doch nicht die so aufrichtigen Gläubigen der Irrlehre bezichtigen und ihnen die so gemachte Erfahrung des zugesagten Heils wieder absprechen. Weiter gefragt: Welcher ernsthafte Andersgläubige wird nicht die Heilsbedeutung des Abendmahls respektieren können? Diese Überlegungen sind umso wichtiger im interreligiösen Dialog, weil sie ungeahnte Horizonte aufreißen, die über alle Versuche interreligiösen Betens noch hinausgehen.
Nun dürfte unbestritten sein, daß das Abendmahl bzw. die Eucharistie (auch Herrenmahl genannt) zur Mitte christlicher Glaubenspraxis gehört. Der Streit um die sog. Abendmahlzulassung im Rahmen der Konfessionen, besonders zwischen Katholiken und Protestanten, hat zumindest auf evangelischer Seite dazu geführt, die »eucharistische Gastfreundschaft« bis hin in die rechtlichen Regelungen zu bejahen. Auch wird schon lange, wenn auch vorsichtig, die Teilnahme von Lutheranern an der katholischen Eucharistiefeier ›unter Umständen‹ bejaht. Diese Umstände hat glücklicherweise niemand bisher exakt definiert. Helmut Feld weist in seiner Abendmahlsuntersuchung von 1976 daraufhin, daß auch der katholische Systematiker Heinrich Fries eine Abendmahlsgemeinschaft unabhängig von dogmatischen Auffassungen für Menschen in besonderen Situationen für angebracht hält (Feld 1976: Seite 138 f.). Bereits 1973 setzte sich Max Thurian aus der Communauté de Taizé für die Möglichkeit der gemeinsamen Eucharistie ein. Aber schon in der deutschen Fas-

sung seines Buches »Die eine Eucharistie« widerspricht ihm Theodor Schneider in der Frage der eucharistischen Gastfreundschaft erheblich (Thurian 1976: Seite 84).

Orthodoxie im interreligiösen Dialog?

Hier ließe sich neben dem Hauptgegensatz »katholisch – evangelisch« die Frage anschließen: Wie weit öffnet sich das orthodoxe Abendmahl zur großen Ökumene? Die Frage ist deshalb nicht unberechtigt, weil gerade die östlichen und orientalischen Kirchen im Blick auf die Nachbarreligion des Islam Begegnungen, Konvergenzen, Abgrenzungen und Divergenzen an der Tagesordnung sind. Man muß zur Zeit davon ausgehen, daß alle orthodoxen Kirchen bisher keine Abendmahlsgemeinschaft mit den protestantischen, anglikanischen und westlich-katholischen Kirchen kennen und dies aufgrund des theologischen Vorverständnisses vorläufig auch nicht in Sicht ist (vgl. Hämmerle 1989: Seite 77–84).

Aber die geographische und lebenspraktische Nähe zum Islam und zu mittelöstlichen vorchristlichen Traditionen gibt Hinweise, die nicht einfach vom Tisch zu wischen sind. Auf sie hat Anastasios Yannoulatos unter Heranziehung islamischer Spiritualität aufmerksam gemacht (Yannoulatos 1996: Seiten 523). Auch wenn Muslime meinen, wie der Autor feststellt, Christen hätten korrumpierte Ansichten über den wahren Gottesglauben, so hat es doch über das östliche Mönchtum seit Mohammeds Zeiten eine direkte Kommunikation gegeben, die darin gipfelte, daß die Niederwerfungen im Mönchsgebet dieselbe Struktur wie die muslimischen Rak'as, also die Verbeugungen und Gebetshaltungen haben. Wenn hier nicht ein faktischer Ansatz zum interreligiösen Gebet liegt!

Ein schönes Beispiel, wie die orthodoxe Seite diesen Weg gegangen ist, bildet das interreligiöse Gebet in Dortmund am 18. Januar 1996 aus Anlaß der Erinnerung der Kreuzzüge vor 900 Jahren. Dort nahmen am Gebet in einer Moschee Dortmunds neben Muslimen auch Vertreter der katholischen, evangelischen, jüdischen und eben griechisch-orthodoxen Gemeinde mit ihren Geistlichen teil.

Gemeinschaft der Geschöpfe Gottes

Wie man auch kirchenamtliche Restriktionen aller Konfessionen bei Versuchen hin zu einer Eucharistie beurteilen mag, unter den verschieden glaubenden Christen gibt es einen beachtlichen Trend nicht über die Zulassung zum Abendmahl, sondern über den Einladungscharakter des Abendmahls, der Eucharistie zu sprechen (Arnoldshainer Konferenz/AKF 1982: Seite 14), ja auch Ungetaufte sind als Abendmahlsgäste willkommen (AKF Seite 59). Die eucharistische Gastbereitschaft, wie die offizielle Formulierung etwas gestelzt lautet, läßt die Frage der Interkommunion und Interzelebration, d. h. die gemeinsame Teilnahme von Menschen verschiedener

Konfessionen an der Abendmahlsfeier der jeweils anderen und die gemeinsame Zelebration durch Priester und Ordinierte verschiedener Konfessionen an einem Tisch offen (AKF Seite 58).

Das mehrfach eben herangezogene Votum des Theologischen Ausschusses der Arnoldshainer Konferenz kommt unmittelbar nach den genannten Überlegungen auf die urchristliche Praxis des Agapemahls zurück. Es sei kurz daran erinnert, daß es nach 1. Kor 11,17–33, Apg 2,42 üblich war, das Abendmahl mit einem gemeinsamen Essen zu verbinden. Hier gab es schon bald erhebliche Probleme, weil die mitgebrachten Mahlzeiten entweder nicht geteilt wurden und die Reichen üppig aßen, während die Armen sich mit bescheidenen Zutaten begnügen mußten. Teilweise arteten diese Abendmahlsfeiern auch in regelrechte Völlerei aus (Judas 12). Erst im 2. Jahrhundert erfolgte die Trennung von Sättigungsmahl und Eucharistie.

»In neuerer Zeit hat es sich eingebürgert, daß Gemeinden nicht nur zum Gottesdienst in der Kirche, sondern auch zu gemeinsamen Mahlzeiten (›Gemeindemahlzeiten‹ bzw. ›Agapen‹) zusammenkommen. Dabei kann auch ökumenische Gemeinschaft zum Ausdruck gebracht werden. Mit Dank gegen Gottes Schöpfungsgaben wird gegessen und getrunken und dabei Gemeinschaft erfahren. Wie der Name sagt, geht es bei der ›Agape‹ darüberhinaus um die Tat der Liebe, etwa durch ein Opfer für die Hungernden oder durch Einladung von Gästen, die nach Liebe hungern« (AKF 1982: Seite 58 f.).

Ich beziehe mich dabei schwerpunktmäßig auf das lutherische Sakramentsverständnis, das die Verbundenheit von Wort und Element nach der augustinischen Formel betont: Accedit verbum ad elementum et fit sacramentum. Der Streit zwischen Transsubstantiation (westlich-katholisch), Realpräsenz (lutherisch), symbolisch (reformiert) hat dabei weitgehend theologiegeschichtlichen Charakter angenommen und zeigt vielmehr unterschiedliche, aber schwerlich kirchentrennende Zugänge zum Geheimnis des Glaubens und der Gemeinschaft mit Christus. Diese Zugänge machen die Sprachschwierigkeiten angesichts des Geheimnisses des Glaubens offenkundig, eines Geheimnisses, dessen dennoch regelmäßig in der Eucharistie gedacht, einer Eucharistie, die Schuldvergebung und Ansage des Gottesfriedens nicht nur symbolisiert, sondern in der Mahlgemeinschaft »realisiert« wird (vgl. Birmelé 1995: Seite 1370 f.).

Gerade angesichts der künstlich hoch gehaltenen Differenzen im Abendmahl erhebt sich die Frage, welche Bedeutung ein solches Mahl gewinnen könnte, wenn Menschen anderer Religion daran teilnehmen (und wir dürfen davon ausgehen, daß nicht nur Ungetaufte, sondern auch Andersgläubige dies schon oft genug getan haben, weil niemand [glücklicherweise] vorher ein christliches Glaubensbekenntnis abgefragt hat.)

Die schon mehrfach erwähnte Arnoldshainer Konferenz zeigt als kirchenamtliches Gremium im Blick auf die Gastfreundschaft (= eucharistische Gastbereitschaft) große Offenheit, im Blick auf eine Verbindung oder gar Vermengungen mit dem Abendmahl allerdings große Ängste

(AKF Seite 59). Aber immerhin. Es lohnt, sich vor Augen zu halten, daß die bisher erwähnten offiziellen Texte wenigstens 15 Jahre alt sind, manche sogar schon über 20 Jahre. Daneben stehen jedoch beeindruckende Aufbrüche der Abendmahlsfrömmigkeit auf evangelischer Seite, u. a. im Sinne des Abendmahls als ein Festessen, wie etwa seit dem Nürnberger Kirchentag 1979. Das in das Blickfeld der Öffentlichkeit gerückte Feierabendmahl in der großen gotischen Kirche St. Lorenz hat prompt Bedenken hervorgerufen, etwa des pensionierten westfälischen Präses Ernst Wilm, dem Georg Kugler u. a. folgendes entgegnete:

Brot und Wein zum Altar gebracht, erinnern uns daran, daß der Gastgeber dieses Mahles zugleich der Schöpfer Himmels und der Erde ist, dem wir unseren Dank schulden. Insofern ist für uns jede Mahlfeier auch ein Erntedankfest. Eucharistie und Ökologie, Lobpreis und das sorgsame Bebauen und Bewahren des Gartens Gottes gehören zusammen ...

Unsere Zukunft steht auf dem Spiel. Haben wir etwas zu erhoffen? Für uns ist das Herrenmahl auch das Urmodell einer neuen, besseren Gesellschaft, die Gott bereiten wird. Für die vielen gestörten und zerstörten Beziehungen unter den Menschen geht von diesem Mahl etwas Heilendes aus. Es macht Mut, gibt Hoffnung und zeigt Leitlinien auf für jene bessere Gesellschaft« (Wilm/Kugler 1980: Seite 477).

Angesichts solcher schöpfungsorientierten Offenheit des Feierabendmahls läßt sich die Frage nicht unterdrücken, ob das Abendmahl überhaupt eine Begrenzung oder Zulassungsbeschränkung verträgt. Sicher, in der Geschichte der Kirche gehörte die Zulassung zur Eucharistie zur klassischen Qualifikation für Christen und gehörte damit in die Arkandisziplin. Aber heute? Wer will denn ernsthaft einen Ungetauften oder Andersgläubigen – und mit welchem Recht? – von einem Feierabendmahl ausschließen, das die neue Gemeinschaft im Schöpfungsfrieden Gottes symbolisiert (was auch immer man unter »Symbol« verstehen mag)? Herbert Lindner weist zu Recht darauf hin, daß am Abend eines langen Tages Hunger und Durst gestillt werden müssen, daß es nahe liegt, ein Fest zu feiern, wenn Gemeinden sich begegnen. »Die Kritik, hier werde die Trennung zwischen Festessen und sakramentaler Feier verwischt, trifft zumindest für den Bereich des Kirchentages nicht zu« (Lindner 1995: Seite 883). Es trifft m. E. auch sonst nicht zu, denn die sakramentale Handlung (mit den Einsetzungsworten) läßt sich in jeder Phase eines Feierabendmahls von dem übrigen Festessen unterscheiden.

Wenn Abendmahl und Tischgemeinschaft zwar zu unterscheiden, aber schon vom urchristlichen Ansatz her nicht auseinandergerissen werden dürfen, dann bieten sich m. E. erhebliche Chancen, das Abendmahl als Versöhnungsmahl nicht nur interkonfessionell, sondern interreligiös zu öffnen. Im Evangelischen Erwachsenen Katechismus (EEK) heißt es bis zur 4. Auflage 1977 zur Erneuerung des Abendmahls (ab der 5. Aufl. ist diese Passage geändert!):

»Der Gemeinschaftscharakter sowie der Charakter der Hoffnung auf eine neue Welt werden stark herausgehoben. Kleine Gruppen feiern das Abendmahl am Tisch, manchmal schließt sich ein Abendessen (Agape = Liebesmahl) an. Brot und Kelch werden von einem zum anderen weitergereicht. Manchem ist dadurch die Gemeinschaft mit denen, die am selben Tisch saßen, neu zum Bewußtsein gekommen ... Manchen ermöglicht die Nähe des Abendmahls zur normalen Mahlzeit einen neuen Zugang, andere empfinden dies als ein Hindernis« (EEK 1977[4]: Seite 1119, vgl. Aufschlüsse 1977: Seite 303).

Wir erleben bei jeder Eucharistie/Abendmahlsfeier eine Wegstrecke der Kommunikation, die in Kommunion – in Teilnahme an der Gemeinschaft Gottes mündet. Das Gedächtnis des Leidens und Sterbens Christi, seine Auferstehung als Ausdruck neuen Lebens und die innige Verbindung zu Gott sind Themen, die der christliche Glaube in spezifischer Sprache ausgeformt hat, aber unter anderen hermeneutischen Bedingungen und mit etwas gutem Willen auch in anderen Religionen erkannt werden können. Otto von der Gablentz schreibt unter dem Stichwort: »Herrenmahl und Kommunikation« sehr treffend:

»Kommunikation setzt Gegenseitigkeit voraus, Sender und Empfänger. Brot und Wein in diesem besonderen Zusammenhang sind ... ›ausgesondert‹ und ›hingeordnet‹, ›frei zum Dienst‹, d. h.: Auch sie schwenken aus dem gewöhnlichen Gebrauch ein in die Heilsgeschichte. Sie sind ›geheiligt‹, ›gewandelt‹« (Buddeberg 1978: Seite 34 f.).

Grenzüberschreitungen

Wenn nun angesichts einer solch offenen Situation im kleinen wie im großen Kreise Ungetaufte, ja Vertreterinnen und Vertreter anderer Religionen teilnehmen, weil sie den Eindruck haben, hier gäbe es in welcher Form auch immer Konvergenzen mit dem eigenen Glaubensverständnis, zeigt sich dann nicht schon das Abendmahl als Versöhnungsmahl, ja wird es nicht gerade zum großen Brückenschlag angesichts der vielen Trennungen – auch religiösen Trennungen – unter den Menschen leiden? In Goethes »West-östlichem Divan« findet sich im Buch der Sprüche ein erstaunlicher, die Situation noch schärfer benennender Vers:

»Welch eine bunte Gemeinde.
An Gottes Tisch sitzen Freunde und Feinde« (Goethe, 53)

Weiterführungen, Grenzüberschreitungen, gar das Aufsprengen sakramentaler Grenzen wurden allerdings in der Geschichte der Kirche immer schon kritisch beäugt und oft genug disziplinarisch blockiert. Eine theologische Begründung fand und findet sich natürlich ebenfalls, um das Abweichen von der rechten Lehre zu dokumentieren. Wie sensibel das Feld ist, habe ich ganz konkret im Zusammenhang von Schulgottesdiensten angedeutet, weil für Schülerinnen und Schüler eucharistische Gastfreundschaft eine Selbstverständlichkeit ist und die Trennung bei ökumenischen Gottesdiensten von Jugendlichen noch weniger eingesehen wird als von vorsichtigeren Erwachsenen. Die Konsequenz ist, daß Abendmahlsgottesdienste in den Schulen nur sehr sparsam gehandhabt werden, weil kirchenamtliche

Verbote eine Interkommunion sehr schnell beenden würden (Kirste 1995: Seite 813). Man muß natürlich auch sehen, daß die meisten islamischen Schüler und Schülerinnen auf eine solch religionsökumenische Situation gar nicht vorbereitet wären. Aber es gibt diese Gottesdienste, in denen Schülerinnen und Schüler verschiedener Religionen miteinander feiern; es gibt interreligiöse Gebete, bei denen man sich wenigstens anschließend zu gemeinsamen Essen zusammensetzt. Doch bewegen wir uns hier in einem Tabu-Bereich. Die Angst vor Synkretismus, Überfremdung oder einfach die ungeklärte Angst vor Veränderung lassen auch die Mutigen unter ihnen kaum von Gottesdiensten und Gebeten reden, sondern von interreligiösen Schulfeiern, interreligiösen Meditationen u. ä. Welch ein seltsames Gottesdienstverständnis, das exklusive Strukturen zur Glaubenswahrheit erhebt (vgl. die Stellungnahme einer Arbeitsgruppe von SchulreferentInnen der Ev. Kirchen im Rheinland, ICT 13, 1995: Seite 47).

Ich weigere mich an dieser Stelle zuzusehen, wie das Abendmahl neben all den Hemmnissen hin zu einer großen Ökumene eine zusätzliche Ausgrenzungsrolle spielen soll. Es können doch eine Reihe von Verbindungsmöglichkeiten durch die Bedeutung des Essens und Trinkens für die Friedensgemeinschaft unter den Menschen nicht einfach weggewischt werden. Die nun folgenden Beispiele sind leider auch nur zaghafte Versuche, die Versöhnungskraft des Abendmahls, der Eucharistie ernstzunehmen, sakramentale Grenzzäune niederzureisen und deutlich zu machen, daß für Christen die Begegnung zwischen Religionen und Konfessionen nicht an den geo-religiösen Landmarken wie dogmatischen Zäunen und Gräben scheitern darf.

Anregungen aus der Praxis

Gottesdienst mit anschließendem Frühstück in einer Schule

In einer Hauptschule ist es Brauch geworden, Schulgottesdienste in der Zusammenfassung mehrerer Jahrgänge mit einer Gottesdienstgruppe vorbereiten zu lassen, der Katholiken, Protestanten und Muslime angehören. Im »ökumenischen Gottesdienst« gibt es dann auch einige islamische Elemente (z. B. Koranrezitation). Anschließend frühstücken Schüler und Lehrer gemeinsam in der Cafeteria. Eigentlich ein fast banales Beispiel aus dem Schulleben, aber gleichzeitig bereits die Umsetzung des religionsökumenischen Gedankens in die Bedingungen von Schule unter dem Ziel nicht der konfessionellen Absicherung, sondern der großen Ökumene.

Mehr als Kommunikation in einer Kirche

An Goethes west-östlichen Diwan erinnernd gibt es in einer westfälischen Innenstadtkirche an der Fußgängerzone regelmäßig interreligiöse Baustellen, Einladungen, an einer Kulturbrücke mitzuarbeiten. Die Besucherzahlen bleiben überschaubar, so daß leicht eine persönliche Atmosphäre derer entsteht, die im Halbkreis um den Altar sitzen, vor dem ein Tischchen mit Stühlen (leider kein echter Diwan!) aufgebaut ist, auf denen die Vortragenden sitzen.

Es gibt einen ungefähren Programmverlauf in einem zeitlichen Rahmen von fast zwei Stunden: Erzählungen, Märchen, Gedichte und Berichte aus Kulturen zwischen Marokko und der Südsee, Peru und Australien, aber auch Gebete und Meditationen gehören dazu. Schülerinnen und Schüler machen begleitend Musik, die ebenso unterschiedlich ist wie die vorgetragenen Texte. Aber auch Improvisationen und spontane Äußerungen haben Platz. Manchmal ist es notwendig, einen Gast mit seinen Erlebnissen unmittelbar zu Wort kommen zu lassen, wie jenen Künstler aus Sarajevo oder jenen Abt aus der Mongolei, der ganz »zufällig« in der Stadt war. »Heilige« Texte aus den verschiedenen Religionen tauchen immer wieder auf, so aus dem Mahabharata und dem Ramayana, den großen indischen Epen, aus dem buddhistischen Pali-Kanon, aus Koran, Hadith, Bibel, Zarathustra- und Bahai-Religion. Die Vortragenden geben berühmten Autoren, Schriftstellerinnen und Philosophen aller Zeiten Stimme wie Meister Eckhart, Hildegard von Bingen, Sa'di und Hafiz, Goethe, Sufis, Weissagungen amerikanischer Indianer, Schriftstellerinnen aus dem Maghreb usw.

In einer mehr informellen Gesprächspause gibt es des öfteren Speisen und Getränke, die mit dem jeweiligen Thema etwas zu tun haben. Die Herkunft und der Sinn dieser Speisen und Getränke werden von denen, die sie mitgebracht haben, erläutert. Diese Speisen werden während dieser »Pause« eingenommen, anschließend geht das Programm weiter. Alles geschieht innerhalb des durchaus intim anmutenden Kirchenraumes. Die Teilnehmer und Teilnehmerinnen kommen aus verschiedenen Nationen, Religionen und Kulturen, dem Vorbereitungskreis gehören neben zwei Christen eine Hinduistin und eine Muslima an.

Inzwischen werden auch gemeinsame Lieder gesungen, die alle religiösen Traditionen, die vertreten sind, akzeptieren können. Ein Segenswort beendet den »Diwan« (Kirste 1994: Seiten 419–420; ICT 13, 1995: Seite 55–56). Sicher, die Speisen, die während des Diwans gegessen werden und die Getränke der verschiedenen Art, die getrunken werden, sind kein Abendmahl, keine Eucharistie, aber eine Agape allemal. Hier bahnt sich Nähe im Sinne eucharistischer Gastfreundschaft an. Allerdings: Die weiteren Schritte fehlen noch, als daß man mit Goethe schon sagen könnte: »Gottes ist der Orient! Gottes ist der Okzident! Nord und südliches Gelände ruht im Frieden seiner Hände« (Goethe 9).

Die Diwane bleiben Baustellen auf eine religionsökumenische Kommunion hin, sie heißen darum »Baustelle Kulturbrücke«, sie haben jedes Mal ein bestimmtes Thema, und jeder nimmt am Schluß ein kleines Geschenk als Versöhnungszeichen mit nach Hause. Einige dieser Diwane haben bereits durch die Sinnenhaftigkeit des Lesens, Diskutierens, Musik-Hörens, Musik-Spielens, des Essens und Trinkens, die Versöhnungskraft, die in den Religionen liegt, spüren lassen. Dort teilt man miteinander die spirituellen Erfahrungen, dort wird man ein Stück hineingenommen in die Glaubens- und Festtradition des anderen. Das wird ein Stück weit auch an der Verbindung von Thema, Art der Speise und des symbolischen Geschenks deutlich, z. B.:

- »Frauen zwischen den Kulturen« mit Baklaui/Baklawi (süßes arabisches Gebäck, auch in der Türkei beheimatet)
- »Visionen der Hoffnung« mit Zakatzetteln aus Malaysia. Solche Zakatzettel bestätigen die Spende während des Fastenmonats Ramadan. Der »Küster« einer Moschee im Norden Malaysias gab sie dem Schreiber dieser Zeilen mit, um damit die Kontinente überspannende Verbundenheit auszudrücken. Für ihn war es eine Freude zu wissen, daß diese Zettelchen an verschiedene Menschen während des »Diwans« verteilt wurden. Die zwischendurch (nach indonesischen Rezept) verteilten Reisplätzchen verstärkten diese Verbindung.
- –»Nichts ist so klein – Gott ist noch kleiner« (nach einem Wort Martin Luthers), eine Kulturbrücke in der Weihnachtszeit. In der Pause gab es türkischen Tee in den entsprechenden Gläsern, dazu Trockenfrüchte im Gefolge einer iranischen Sitte zum kürzesten Tag des Jahres, Lebkuchen im Sinne von Gewürzbrot als Symbol für lebendiges Brot aus der christlichen Weihnachtstradition.
- »Liebe geht nicht nur durch den Magen« mit internationalen Spezialitäten aus sechs Ländern, die von verschiedenen Gruppen vorbereitet wurden und Gesangsbegleitung mit italienischen, französischen, englischen, deutschen Liedern.
- »Viele Wege – ein Ziel. Pilgerreisen zum Heiligen« mit Jakobsmuschel (als Geschenk), auf denen Ananasstückchen lagen. Zwei unterschiedliche Traditionen wurden so verbunden: Einerseits polynesische Kulte auf Hawaii und der folgenden Kolonialismusgeschichte am Beispiel Ananas und andererseits die Erinnerung von Pilgerreisen in allen Religionen allgemein und der christlichen Jakobstradition, der Wallfahrt nach Santiago de Compostela im Besonderen. Dabei wurde die Problematik des Heiligen Jakob als Maurenbekämpfers keineswegs ausgeklammert.
- »Begegnung mit Indien«. Als Gast war eine katholisch-indische Schülerin gekommen, die einige hinduistische Tempeltänze vorführte. Einige Inder hatten Kardamontee und Gewürzkuchen (der mit eßbarem Silber belegt war) mitgebracht.
- »Licht im Dunkel – Licht für die Welt« mit Weihnachtsgebäck und Säckchen mit Kräutertee (Symbolische Handlung: Wir trinken die Heilkräuter, um etwas Heilsames, wohl Wirkendes in uns aufzunehmen).

Schluß

Es waren in der Geschichte der Religionen zuerst nur einzelne und es werden immer nur einzelne sein, die Versöhnung über dogmatische und rituelle Grenzen hinweg tragen und damit im Sinne des Apostels Paulus den Dienst der Versöhnung tun (2. Kor 5,18). Im Namen Jesu, im Namen Buddhas, im Namen Krishnas und all der anderen großen Heiligen und Reformerinnen und Reformer, Mystikerinnen und Mystiker, die teilweise mit dem Leben für ihre Grenzüberschreitungen bezahlten – gegen alle religiöse Abgrenzungen und Angst vor dem anderen Glauben – es gilt: Versöhnung statt Spaltung. Die Erfahrung zeigt übrigens, daß aus den Einzelnen Gruppen geworden sind, die sich weder lehramtlich noch disziplinarisch bevormunden lassen. Sie kommen aus den verschiedensten Konfessionen und Religionen zusammen, um im gemeinsamen Essen und Trinken die Nähe Gottes oder der transzendenten Realität zu erfahren, durch die sie sich als Geliebte und Menschen eines menschlich nicht erfaßbaren Ursprungs entdecken und getragen wissen.

Schauen wir also nach solchen Veranstaltungen, riskieren wir den Weg von interreligiöser Kommunikation zur Kommunion in der großen Ökumene. Dialogveranstaltungen, Meditationen und Gebete sind Schritte auf dem Weg versöhnter Verschiedenheit und gemeinsamer Praxis. Das beinhaltet, daß wir uns auf ungewöhnliche göttliche Tischgemeinschaften einstellen, daß wir ja sagen zu einer religionsübergreifenden Mahlgemeinschaft trotz unterschiedlicher Heilsverständnisse. Nur so geht der Weg von der Kirchengemeinschaft zur Religionsgemeinschaft, zur großen Ökumene. Ihr Kennzeichen ist Pluralität, nicht Synkretismus, ihre Realisierung ist gemeinsames Tun, aber eben auch an den Kernpunkten der einzelnen Religion. Nur so wird aus der Inter-Kommunikation interreligiöser Gebete die Kommunion in einer gemeinsamen Hoffnung. Entdecken wir die teilweise noch verborgenen Gottesdienststrukturen, die in solcher Kommunion aufscheinen, entdecken wir, daß schon manche in der Vorfreude der himmlischen Gottesgemeinschaft diese Mahlgemeinschaft jetzt praktizieren. Sie spüren einen Hauch des Himmels schon auf Erden.

Benutzte Literatur
- AKF = Theologischer Ausschuß der Arnoldshainer Konferenz: Das Mahl des Herrn. 25 Jahre nach Arnoldshain. Neunkirchen-Vluyn: Neukirchener 1982, 76 Seiten.
- Aufschlüsse. Ein Glaubensbuch. Im Auftrag der Evangelischen Kirche der DDR, hg. von der Arbeitsgruppe Glaubensbuch. Berlin: EVA 1979[3], 475 Seiten.
- Birmelé, André/Mottu, Henry: Art. sacrament. In: Gisel, Pierre (hg.): Encyclopédie du protestantisme. Paris: Cerf/Genf: Labor et Fides 1995, 1710 Seiten.
- Buddeberg, C./Langmack, D./Leinert, E./ Liedke, G./Recchius, E. (Hg.): Baustelle Gottesdienst. Das gottesdienstliche Mahl in der wissenschaftlichen Welt. Erfahrungsbericht einer Arbeitsgruppe 1971–1975. Heidelberg: FEST (Selbstverlag Gerhard Liedke) 1978, 217 Seiten.

- EEK, Evangelischer Erwachsenenkatechismus. Kursbuch des Glaubens. Im Auftrag der Katechismuskommission der VELKD, hg. von Werner Jentsch, Hartmut Jetter, Manfred Kiessig und Horst Reller. Gütersloh: Gütersloher Verlagshaus 1977[4], 1357 Seiten; 1989[5] neubearbeitet, 1447 Seiten.)
- Feld, Helmut: Das Verständnis des Abendmahls. Erträge der Forschung, Bd. 50. Darmstadt: Wiss. Buchges. 1976, 144 Seiten.
- Goethe, Johann Wolfgang von: West-östlicher Divan. Gesamtausgabe. Leipzig: Insel 1965, 599 Seiten.
- Hämmerle, Eugen/Ohme, Heinz/Schwarz, Klaus: Zugänge zur Orthodoxie. Bensheimer Hefte 68. Göttingen: V&R 1989, 304 Seiten.
- ICT 13 = Iserlohner Con-Texte 13. Schwarzenau, Paul/Kirste, Reinhard (Hg.): Interreligiöse Schule – ein Vorbild aus den Niederlanden. Iserlohn 1995, 69 Seiten.
- Kirste, Reinhard: West-östlicher Diwan. Dialog interreligiös und interkulturell in Iserlohn. In: Kirste, Reinhard/ Schwarzenau, Paul/Tworuschka, Udo (Hg.): Interreligiöser Dialog zwischen Tradition und Moderne. Religionen im Gespräch Bd. 3 (RIG 3). Balve: Zimmermann 1994, Seite 419–420
- Kirste, Reinhard: Artikel Jugend- und Schulgottesdienst. In: Schmidt-Lauber, Hans-Christoph/Bieritz, Karl-Heinrich (Hg.): Handbuch der Liturgik. Liturgiewissenschaft in Theologie und Praxis der Kirche. Leipzig: EVA/Göttingen: V&R 1995, Seite 801–816
- Lindner, Herbert: Art. Feierabendmahl. In: Schmidt-Lauber, Hans-Christoph/ Bieritz, Karl-Heinrich: Handbuch der Liturgik. Liturgiewissenschaft in Theologie und Praxis der Kirche. Leipzig: EVA/Göttingen: V&R 1995, S. 874–884.
- Thurian: Max: Die eine Eucharistie. Topos TB 13. Mainz: Grünewald 1976, 88 Seiten.
- Sattler, Dorothea: Art. Sakrament. In: Evangelisches Kirchenlexikon/EKL Bd. 4, 1996[3], Sp. 10–26.
- Wilm, Ernst/Kugler, Georg: Abendmahlsfeiern in Nürnberg – Anstiftung zum Weitermachen? Wissenschaft und Praxis in Kirche und Gesellschaft. 69. Jg., Heft 10 (Oktober 1980), Seite 470–478.
- Yannoulatos, Anastasios: Byzantine und Contemporary Greek Orthodox Approaches to Islam. JES Vol. 33, No. 4 (Fall 1996), Seite 512–527.

Thomasmesse

Ein alternativer Abendmahlsgottesdienst
für Menschen, die der Kirche fernstehen   *Jutta Konowalczyk-Schlüter*

Im Januar 1994 wurde die erste Thomasmesse im Bremer Dom gefeiert. Seitdem kommen zu diesem alternativen Gottesdienst einmal im Monat 200 bis 300 Menschen, überwiegend aus der jungen und mittleren Generation, zusammen. Vorbereitet und durchgeführt wird die Thomasmesse von einem siebzigköpfigen Team, weit mehr Laien als TheologInnen, die in sehr unterschiedlichen kirchlichen Gruppierungen zuhause sind. Vier verschiedene Teams, die rein äußerlich daran zu erkennen sind, daß sie dunkle Kleidung und weiße Stolen tragen, leiten die gottesdienstliche Feier.

Die Moderationsgruppe führt durch die Messe, die Verkündigungsgruppe expliziert dialogisch, pantomimisch oder meditativ das jeweilige Thema, die Gebetsgruppe formuliert eigene Texte und sorgt dafür, daß die Gebetsanliegen der BesucherInnen zur Sprache kommen und die Abendmahlsgruppe bereitet das Abendmahl vor und teilt es aus. Die Grundbotschaft der Thomasmesse lautet:

»Dieser Gottesdienst ist für alle Menschen offen, er wendet sich jedoch besonders an diejenigen, die sich nach einem lebendigen Glauben sehnen und nach einem Ort suchen, an dem sie mit ihren Fragen, Zweifeln und Einwänden aufgehoben sind.«

Dies gilt auch für den Abendmahlsteil. Die Abendmahlsgruppe besteht zum größten Teil aus Laien, die Gabenbereitungsgebet, Epiklese, Vaterunser, Einladung und Dankgebet formulieren und sprechen. Allein die Einsetzungsworte spricht der Theologe/die Theologin der Gruppe. Etwa ein Drittel der GottesdienstbesucherInnen nimmt am Abendmahl teil. Es gibt drei Tische, der erste Tisch wird mit einem Gemeinschaftskelch gefeiert, die anderen beiden Tische mit Einzelkelchen. Zum Abendmahl eingeladen sind grundsätzlich alle Anwesenden, egal ob sie gläubig oder ungläubig sind.

Hinführung zum Abendmahl

Thomas, der Zweifler unter den Jüngern, wollte mit eigenen Augen sehen und mit seinen Händen fühlen, bevor er glaubte, was man ihm erzählt hatte. Auch wir heute täten uns leichter, an eine Existenz Gottes zu glauben, wenn es einen Beweis für ihn gäbe, wenn wir ihn tatsächlich und im übertragenen Sinn des Wortes ›begreifen‹ könnten.

Seit den Anfängen des Christentums sind deshalb Symbole überliefert, die dem Bedürfnis der Menschen nach einem Glauben zum Anfassen entgegenkommen.

Das Abendmahl ist solch ein Symbol.

Es ist sichtbares Zeichen für die Nähe Gottes zu den Menschen.

Glaubende können es genauso feiern wie Zweifelnde.

Jeder ist eingeladen, im Abendmahl die Zuwendung Gottes für sich zu erfahren.

Der Beitrag entstand mit freundlicher Unterstützung von Dompredigerin Ingrid Witte, Bremen.

Abendbrot für alle

Eine Anregung für den Gründonnerstag   *Jutta Konowalczyk-Schlüter*

Seit fast zehn Jahren ist es in unserer Gemeinde üblich, daß im Anschluß an die Abendmahlsgottesdienste die Gemeinde zum »Kirchenkaffee« im Gemeindehaus zusammenkommt. Die Abendmahlsgemeinschaft soll sich über das gottesdienstliche Miteinander hinaus in das Alltagsleben der Gemeinde hinein fortsetzen. Deshalb steht beim »Kirchenkaffee« nicht das Gespräch über die Predigt oder den vorangegangenen Gottesdienst im Vordergrund, sondern die Themen, Sorgen oder Anfragen der Gemeindeglieder.

Im Anschluß an Jugend-, Frauen- oder Erntedankgottesdienste, die alle ein Abendmahl in jeweils besonderer Form beinhalten, treffen sich die TeilnehmerInnen zum gemeinsamen Mittagessen, und nach dem Gottesdienst am Gründonnerstag gibt es »Abendbrot für alle«. Ein Vorbereitungsteam kauft dafür ein, schmückt den Kirchenvorraum, deckt die Tische und baut die Speisen in Buffetform auf. Zwei Frauen bereiten Salate, Süßspeisen oder Kekse nach den Rezepten für den jeweiligen »Weltgebetstag« zu. Die Rezepte werden fotokopiert und dürfen mitgenommen werden. Zwei andere Frauen verteilen nach dem Essen die Reste an die Anwesenden, räumen auf und waschen ab. Für das Essen wird um einen Unkostenbeitrag gebeten. Es sind nie mehr als dreißig Menschen, die am Gründonnerstag zusammenkommen. Der nächste Tag, Karfreitag, wirft seine Schatten voraus. Die Stimmung am Gründonnerstag wird davon stark beeinflußt, Erinnerungen an das erste Abendmahl Jesu mit seinen Jüngern werden wach. Die Aspekte Sündenvergebung und Gemeinschaft im Abendmahl stehen im Vordergrund. Manche Männer und Frauen beteiligen sich an der Aktion »Sieben Wochen ohne« und sprechen über ihre Erfahrungen mit dem Verzicht auf eine ihnen liebgewordene Sache. Mitunter entsteht das Bedürfnis, das Ende der Passionsgeschichte in der Bibel nachzulesen. Die Älteren erzählen gerne davon, wie sie früher mit großem Ernst und tieftraurig den Karfreitag begangen haben. Die Jüngeren reden lieber über ihre Vorstellungen von einem Leben nach dem Tod. Alle gehen sehr behutsam miteinander um, ähnlich wie bei einer Kaffeetafel nach einer Beisetzung. Die Gespräche sind persönlich und von eigenen Erlebnissen geprägt, theologisches Wissen ist weniger gefragt als Glaubenserfahrungen.

Knapp die Hälfte dieser Gruppe trifft sich am nächsten Morgen im Karfreitagsgottesdienst.

Das Weinwunder in Kana

Zeitgenössische Kunst und Abendmahl
Zu einem Bild von Dörte Eißfeldt

Hartmut Winde

Dörte Eißfeldt, Antependium 1993; Fotos und Glas, 115,5 x 200 cm; Gnadenkirche Hamburg; Aufnahme: Sybille Scharmann

Im Kontext von Trauung und Abendmahl

Die Agende III der Vereinigten Evangelisch-Lutherischen Kirche Deutschlands, Ausgabe 1988, enthält liturgische Texte zur Einbeziehung des Abendmahls in die kirchliche Trauung. Wo ich es für angemessen hielt, habe ich sehr gern den Hochzeitspaaren diese gottesdienstliche Vertiefung ihrer Trauung nahegelegt, allerdings in der Regel nur als exclusive Kommunion für Braut und Bräutigam, um niemanden sonst in der Festgemeinde in Verlegenheit zu bringen. So hatte sich's auch meine Frau gewünscht, als wir heirateten. Merkwürdigerweise bestand bei vielen Paaren eine Scheu gegenüber diesem Angebot. Sie spürten offenbar den religiösen Zugriff dieses Sakraments, der weit über ihre Einschätzung von Traubekenntnis und Segen hinausgeht.

Angesichts dieser für Protestanten des Nordens vielleicht typischen Abendmahlsabstinenz war es für mich eine Überraschung und ein Glücksfall zugleich, daß für ein Ausstellungsprojekt in unserer Hamburger Gnadenkirche die Fotokünstlerin Dörte Eißfeld[1] eine Arbeit schuf, aus der sich eine Beziehung zwischen Hochzeit und Abendmahl erschließen läßt. Im Zuge unserer langjährigen Zusammenarbeit mit Künstlerinnen und Künstlern[2] hatten meine Frau und ich für 1993 eingeladen, das leider vernachlässigte und irgendwie in eine Sackgasse geratene Thema »Antependium« am Beispiel des Altars der Gnadenkirche einmal probeweise in Angriff zu nehmen, und zwar losgelöst von den verbrauchten Vorgaben der kirchlichen Tradition, frei und subjektiv und in der je eigenen künstlerischen Ausdrucksweise, d. h. auch frei in der Wahl der Materialien. Sieben stellten sich der Aufgabe.[3] Den Beitrag von Dörte Eißfeldt hat die Gemeinde später erworben, um dieses Werk als Antependium sowohl für Abendmahlsgottesdienste als auch bei Trauungen zu gebrauchen.[4]

Ein Bildrätsel ...

Drei große Schwarz-weiß-Fotos von glitzerndem Wasser stehen, wie Krüge geschnitten, zwischen zwei Glasscheiben in den Maßen der Altarfront. Auf die vordere Scheibe, über der Mitte des mittleren Fotos, ist das Wort »rot« eingraviert. Und davon hängt gewissermaßen alles ab: Ob nämlich die Verwandlung gelingt, das farblose Wasser als roten Wein zu sehen und eventuell zu schmecken. Damit wäre auch die Geschichte vom Weinwunder auf der Hochzeit zu Kana (Joh. 2,1–10) aus der Erinnerung präsent. Wenn nicht, wäre es ja möglich, die Auflösung des Bildrätsels zu erfragen, was Kommunikation in die Betrachtung brächte. Ansonsten steckt vielleicht das andere im Kopf: Daß Wasser sich mit Rot mischt, könnte heißen: mit Blut. Das klingt schlimm, hat aber auf jeden Fall mit dem Stichwort »Altar« zu tun. Denn der Altar war im Altertum die Schlachtbank für Opfertiere (und Menschen!). Den Brauch haben die Christen durch Brot und Wein ersetzt. Doch nicht, um selber bloß zu speisen, sondern um im Geheimnis des Umgangs mit diesen Materialien das zu tun, wozu auch die Künstlerin mit ihrem Bildmaterial anregt: zu erinnern. Mit dem Bild am Altar werden das Weinwunder und das Opfer erinnert und auf diese Weise präsent. Und mit dem Brot und dem Wein auf dem Altar wird Christus erinnert und auf diese Weise präsent: »Mein Leib ...« und »... der neue Bund in meinem Blut.« Man wird also ergänzen dürfen: Dörte Eißfeldts Antependium führt von der Erinnerung an das antike Opfer und das Weinwunder in Kana hin zur Vergegenwärtigung des Christus im Abendmahl.

... als Antependium

Meine Assoziationskette überzeugt natürlich nur, wenn das Glasbild als Antependium in Gebrauch ist, d. h. in Beziehung zum Altar steht und nicht für sich in einem neutralen Raum, wenn also Bild und Altar sich gegenseitig interpretieren. Aber ich werde nicht jeden überzeugen. Ein Abend mit einem Pastoralkolleg in der Kirche hat mir auch andere mögliche Wahrnehmungen deutlich gemacht. Z. B. bringt das Glas einen Spiegel-Effekt zustande: Der Raum spiegelt sich, und Kommunikanten erkennen sich selbst im Schwarz der Fotos. Das führt die Phantasie auf andere Wege. Warum nicht? Ich zwinge niemanden eine Spezialbrille auf. Ich sage nur, was ich da erlebe, und ermutige, die eigenen Sinne zu gebrauchen. Vor der inneren Wahrheit eines Kunstwerks mögen sich zwar die Geister scheiden, aber nicht in Sieger und Besiegte.

Diese so offene und damit vieldeutige Kunstform, die Dörte Eißfeldt für ihr Antependium fand, hat eine gewisse Nähe zu einer Kunstrichtung unserer an Richtungen und Übergängen überaus reichen Gegenwart, die man »concept art« zu nennen sich angewöhnt hat. Soweit es sich da überhaupt noch um Bilder und nicht nur um Texte handelt, soll der Betrachter angeregt werden, mit dem gebotenen Material in der eigenen Phantasie, vielleicht auch in einer eigenen Aktion die vom Künstler konzipierte Idee selbst zu vollenden. Der Betrachter wird zum Mitspieler, Mitdenker, Mitautor. Doch der Praktiker wird vielmehr schon längst den Küster bedauert haben: Wenn dem das Kunstwerk aus den Händen rutscht! Es sind tatsächlich sogar zwei Männer nötig (neben dem Küster etwa der Pastor) und zusätzlich ein Spezialwagen, um das Antependium auf- und abzubauen. Doch auch bei Zweien kann etwas schiefgehen. Kein Problem! Die Sache ist reproduzierbar. Auch dieses ein Merkmal der »concept art«, die einfache Mittel bevorzugt, um höchst komplexe Wirkungen auszulösen. In einer optisch einfachen, und zwar nicht illustrativen Formulierung (vgl. den Holzschnitt von Julius Schnorr von Carolsfeld, 1794–1872), vielmehr animierend hat Dörte Eißfeldt den Altar als Denk- und Phantasie-Raum im Kirchenraum akzentuiert. Welch ein Unterschied zu den manchmal ganz disproportioniert und wie Verkehrszeichen zum Kirchenjahr aufgehängten Lätzchen mit Trauben, Ähren, Kreuzen oder Sprüchen als ewige Wiederkehrer! »Das ist ja Wahnsinn, für einen Altar ein Bild zu machen!«, rief Dörte Eißfeldt aus, als sie in der Kirche stand, um sich dort mit den sechs anderen Künstlern zu treffen und das Ausstellungsprojekt vorzubesprechen. »Wieso?«, fragte ein Kollege. Ihre Antwort: »Dieser Gegenstand ist aufgeladen von Geschichte und Bedeutung und von den Energien derer, die sich um ihn versammeln!«

... und seine Tiefendimension

Kehren wir zu der Ausgangsüberlegung zurück, in Dörte Eißfeldts Antependium die Gedankenspiel-Anleitung zur Teilnahme an der Verwandlung von Wasser in Wein zur Hochzeit – nicht nur in Kana! – sehen zu dürfen. Gibt es für diese Verknüpfung auch theologische Gründe? Bekanntlich bringt das Johannes-Evangelium keinen Bericht von der Einsetzung des Abendmahls in der Nacht des Verrats. Aber es gibt in dem Evangelium außer der Geschichte vom hochzeitlichen Weinwunder auch die von der wundersamen Brotvermehrung (Kap 6). Hier könnte ein engerer Zusammenhang bestehen, als man gemeinhin annimmt, nämlich ein allegorischer. Die Hochzeit fand statt an einem aus dem Textzusammenhang nicht erklärbaren »dritten Tag«, die Brotvermehrung »kurz vor dem Passafest«. Kap 13,1 heißt es dann: »Vor dem Passafest erkannte Jesus, daß seine Stunde gekommen war«, während er in Kana seiner besorgten Mutter geantwortet hatte: »Meine Stunde ist noch nicht gekommen« (2,4). Die eigentliche Hochzeit ist also die »Stunde« der Verherrlichung des Sohnes durch den Vater (Kap. 17,1), nämlich am Kreuz und in der Auferstehung am »dritten Tag«.

In unserem Antependium sind allerdings statt der sechs Wasserkrüge, die das Evangelium für das Wunder in Kana zählt, nur drei zu identifizieren. Bringt das den Kana-Bezug nicht in Schwierigkeiten? Ich behaupte: Keineswegs! Vielleicht hat die Künstlerin noch nicht einmal in der Bibel nachgeschlagen. Entscheidend war für sie zweifellos zunächst die formale Darstellung von gleichgroßen Wassermengen in dem vom Altar bestimmten Flächenmaß. Daß aber die Drei mit Kirche, Wunder und christlichem Glauben zu tun hat, ist (noch) Allgemeingut in unserer Kultur. In der mystagogischen Unterweisung der Meisterinnen und Meister der christlichen Mystik ist die Schau der Heiligen Dreieinigkeit das Äußerste der im Diesseits zu realisierenden eschatologischen Hoffnung. Die parallel zur Reformation den Karmelitenorden in Spanien reformierende Teresa von Avila (1515–82) schreibt[5]: »... in der Mitte der Seele ist eine Wohnung für Gott. Wenn es also Seiner Majestät beliebt, so führt er sie in seine Wohnung ..., auf daß sie sehe: Die Heilige Trinität, in allen drei Gestalten ... Was wir im Glauben festhalten, erkennt die Seele dort im Schauen, obwohl dies kein Schauen mit den Augen des Körpers oder der Seele ist, da es sich um keine bildhafte Vision handelt.«

Für dieses Erleben im Bannkreis der Trinität wählt die Mystik gern zur Umschreibung poetisches Material aus der Liebeslyrik der Bibel, aus dem »Hohenlied«, so z. B. HL 2,4 f.:

»Er führt mich in den Weinkeller,
seine Liebe ist mein Panier.
Mit Traubenkuchen und Äpfeln erquickt er mich.
Krank bin ich vor Liebe.«

Wie der Wein so galten – nach alt-orientalischen Quellen, biblischen inclusive – auch Äpfel und Traubenkuchen als Liebeszauber[6]. Als ein geradezu dionysisches Außer-sich-sein beschreibt die Mystik die Nähe Gottes im Zentrum der Existenz. Noch einmal Teresa von Avila[7]: »Es scheinet eben, als wenn der König nichts unterlassen wolle, ihr (der Braut) zu geben, sondern daß sie da trinken und essen solle nach ihrem Begehren und sich wohl trunken trinken und von allen Weinen kosten, die in dem Keller Gottes sind, und daß sie dieser Freuden genieße (und) sich nicht fürchte, das Leben zu verlieren, oder so viel zu trinken, daß es ihre schwache Natur übertreffe, ob sie schon sterbe in diesem Paradies der Wollust. Selig ist ein solcher Tod, der einen also leben macht!« – Dieses Weinlied Teresas entspricht der unglaublichen Menge Wein in den Amphoren von Kana, von der wir, wie Hieronymus sagt, noch immer zehren, nämlich im Abendmahl: »Die Hochzeit des Lammes« ist gekommen und seine Braut hat sich bereitet ... Selig sind, die zum Hochzeitsmahl des Lammes geladen sind.« (Offb 19,7 und 9).

Die Einbeziehung des Abendmahls in die Trauung transzendiert die Seligkeit des Paares auf die Seligkeit der menschenmöglichen Bundesnähe Gottes hin. Denn das Abendmahl eröffnet generell in diesem himmlischen Weinkeller die Begegnung mit dem, der die Fähigkeit schenkt, mit neuen Augen zu sehen und mit neuem Herzen zu lieben. Und das wäre wohl das eigentliche Wunder der Verwandlung von Wasser in Wein. »Wen dürstet, der komme; und wer da will, der nehme das Wasser des Lebens umsonst!« (Offb. 22,17)

Anmerkungen

1. Dörte Eißfeldt, 1950 in Hamburg geboren, studierte 1970–76 an der Hochschule für bildende Künste Hamburg und stellt seit 1981 im In- und Ausland aus, u. a. 1991 in der »Kunststation St. Peter« Köln (vgl. Friedhelm Mennekes: »Triptychon« Insel-Verlag Frankfurt a. M.) und 1995 in der St.-Petri-Kirche Lübeck. D. E. arbeitet mit den Mitteln der Fotografie. Arbeiten von ihr sind in privaten und öffentlichen Sammlungen. Seit 1991 lehrt sie an der Hochschule für bildende Künste Braunschweig. Sie wohnt in Hamburg.
2. Vgl. Hartmut Winde: »Kunst und Sakrament« Darmstadt 1992 und ders. in »Kirchen – Kulturorte der Urbanität«, hg. von H. W. Dannowski, E. B. Verlag, Hamburg 1995.
3. Vgl. Hartmut Winde: »ANTEPENDIUM – Das Kleid des Altars«. Vertrieb: Gnadenkirche, Karolinenstr. 8, 20357 Hamburg.
4. Im Gottesdienst der Gnadenkirche steht der Liturg hinter dem Altar, mit dem Gesicht zur Gemeinde, verdeckt also das Antependium nicht.
5. Teresa von Avila: »Die innere Burg«, Diogenes Verlag, Zürich 1979, Seite 191.
6. Helmer Ringgren in ATD 16, 1962, Seite 267.
7. Teresa von Avila: »Von der Liebe Gottes. Über etliche Worte des Hohenlieds Salomonis« in André Stoll: »Die poetischen Paradiese des Ichs«, Beltz Weinheim 1994, Seite 66.

Eine unmögliche Begegnung zweier Welten

Anspiel zum Abendmahl in
science-fiction-Perspektive
mit Konfirmandinnen und Konfirmanden.   *Doris Joachim-Storch*

Es mag an der Faszination des Unmöglichen liegen – nicht wenige von uns mögen Science-Fiction-Filme, gut gemachte, versteht sich. Ich gehöre auch dazu. Und mit einem Augenzwinkern stelle ich mir die unmögliche Begegnung zweier völlig verschiedener Welten vor:
Ein Außerirdischer vom Planeten Vulkan besucht mit seinem Forschungsraumschiff die Erde. Versehen mit einem Tarnschild parkt er sein Schiff in

einer Umlaufbahn und beamt sich – wie es der Zufall will – nach Worms (hier kann jeder andere beliebige Ort eingesetzt werden). Inkognito mietet er sich ein Zimmer. Äußerlich ist er von einem Menschen kaum zu unterscheiden. Seine ungewöhnlich spitzen Ohren kann er mit einer Mütze verbergen. Merkwürdige buschige und nicht gerundete Augenbrauen haben auch manche Erdbewohner. Sein grünes Blut sieht man von außen ja nicht. Und daß er keinerlei Gefühlsregungen kennt, fällt unter den Menschen zunächst nicht weiter auf. (Allen Fans der Fernsehserie »Raumschiff Enterprise« sei gesagt, daß es sich bei diesem Außerirdischen um einen Vorfahren des legendären Mister Spock handelt.) Doch lassen wir ihn nun selbst zu Wort kommen, und horchen wir ein bißchen mit, was er nach Beendigung der Forschungsmission seinem Ältestenrat zu berichten hat.

Für die dramaturgische Gestaltung empfiehlt es sich, die Bühne oder den Altarraum zu teilen. Auf der einen Seite spricht Spock zu seinem Ältestenrat, der als solcher nicht sichtbar sein muß. Auf der anderen Seite wird das imaginäre Videoband abgespielt. In der Erprobung mit unseren Konfirmanden entschieden wir uns darum auch, zwei verschiedene Spieler für die Rolle des Spock zu nehmen. Der Spock im Video trägt eine Mütze, die die Ohren verdeckt.

Spock vor dem Ältestenrat:

Wie schon mehrfach erwähnt, verehrte Älteste, lassen sich die Menschen von dem beherrschen, was sie Gefühle nennen. Es fehlt ihnen nicht an Verstand. Aber er scheint sich den Gefühlen völlig unterzuordnen. Von sich selbst glauben viele jedoch, daß ihr Verstand die Gefühle beherrscht. Und so lassen sich solch widersprüchliche Dinge beobachten, wie bei einer Veranstaltung zu Ehren eines höheren Wesens, das sie verehren. Sein Name ist Gott, manchmal nennen sie es auch Jesus Christus. Rätselhaft blieb mir, ob es sich dabei um ein oder zwei Wesen handelt. Kein Mensch war in der Lage, mir dazu eine halbwegs logische Antwort zu geben. Abendmahlsgottesdienst – so nannte meine Vermieterin die Versammlung. Bei diesem Kult handelt es sich um eine Gedächtnisfeier zu Ehren jenes Jesus Christus: Faszinierend – kann ich dazu nur sagen. Es war mir gelungen, von dem Gottesdienst heimliche Video-Aufnahmen anzufertigen. Ich bitte Sie, sich selbst einen genauen Eindruck zu verschaffen.

1. Szene

Spock kommt mit seiner Gastgeberin in die Kirche. Eine ältere Frau, ein Mann und zwei Konfirmanden sitzen bereits. Spock und seine Gastgeberin setzen sich dazu.
Mann: Junger Mann, wissen Sie nicht, daß man in einer Kirche die Mütze abnimmt.
Spock (zögernd): Oh, nun ja ... Selbstverständlich. Nur geht das zur Zeit leider nicht. Wissen Sie, ich habe da eine unschöne Verletzung am Kopf.
Konfi 1: Das kann jeder sagen. Bei uns würde die Pfarrerin das bestimmt nicht durchgehen lassen.

Konfi 2: So sind die Erwachsenen eben.

Mann: Was habt ihr gesagt?

Konfi 1: Och nichts.

Spock: Ich hatte angenommen, daß die Hälfte der Bewohner Ihrer Stadt evangelische Christen sind.

Gastgeberin: Ja, das stimmt auch.

Spock: Ich zähle hier in diesem Haus aber nur 35 Menschen.

Konfi 2: Wer kommt schon freiwillig hierher!

Konfi 1: Na, wir wohl nicht.

Frau: Also, wir hätten es früher nicht gewagt, sowas zu sagen. Die Jugend von heute ...

Konfi 2: Aber gedacht haben Sie's wohl, oder?

Frau: (entrüstet) Tss!

(Im Hintergrund ertönt Orgelmusik).

Gastgeberin: Ich komme gern ab und zu in den Gottesdienst. Ich höre gern eine gute Predigt, und ich mag die Orgelmusik.

Spock: Orgelmusik? Was ist das?

Frau: Wenn Sie mal endlich ruhig wären, könnten Sie sie hören. Die Orgel spielt doch gerade.

Spock: Faszinierend! Kommen diese Töne von den Wasserrohren da oben?

Gastgeberin: Wasserrohre? Haben Sie noch nie eine Orgel gesehen?

Spock: Nun, ich muß zugeben, daß mir dieses Instrument unbekannt ist.

Konfi 1: Ich wünschte, ich würde es auch nicht kennen. Techno wär mir echt lieber.

Mann: Sagen Sie mal, junger Mann, wo kommen denn Sie eigentlich her, wenn Sie noch nicht mal Orgelmusik kennen.

Spock: Ich will es mal so formulieren: Ich habe einen sehr weiten Weg hinter mir. Und Ihre Welt ist mir fremd.

Gastgeberin: Ich zeige sie Ihnen gern, Herr Spock. Aber jetzt kommt das erste Lied:

(Die Gemeinde singt ein Gesangbuchlied.)

Spock: Warum tun Sie das?

Gastgeberin: Was meinen Sie?

Spock: Dieses Heben und Senken der Stimme und das auch noch alle gleichzeitig.

Konfi 2: (stößt seinen Nachbarn an) Der meint das Singen *(kichert).*

Konfi 1: Ich singe nie mit.

Frau: Und da seid Ihr wohl auch noch stolz drauf, was? Heutzutage müßt Ihr die Lieder noch nicht einmal mehr auswendig lernen. Wenn ich da an meine Konfirmandenzeit denke. Wehe, wenn wir nicht gelernt haben ...

Mann: Jawohl, da herrschte noch Ordnung!

Gastgeberin: Wissen Sie, Herr Spock, Singen ist eine Sache des Gefühls. Musik rührt unsere Seele an. Die Geschmäcker sind da ganz verschieden,

wie Sie merken. Für mich ist das Singen in der Kirche ganz wichtig. Manchmal spüre ich dabei Gottes Gegenwart.
Spock: (mit Blick auf Mann und Frau) Mir scheint, daß das nicht alle Menschen so sehen.
Gastgeberin: Ja, leider. Mit soviel Griesgram kann Singen ja auch keinen Spaß machen.
Konfi 1: Endlich mal ein wahres Wort von einem Erwachsenen.
Konfi 2: Was die Frau da gesagt hat – ich meine ... klingt eigentlich nicht schlecht.
Frau: Ihr Rotzlöffel! Könnt Ihr nicht endlich mal den Mund halten. Die Frau Pfarrerin fängt jetzt an.

Spock vor dem Ältestenrat:
Eine Frau in einem schwarzen Gewand mit weißem Lätzchen leitet diesen Gottesdienst. Sie wird allgemein Pfarrerin genannt. Sie sprach zuerst weniger zu den Gottesdienstbesuchern als zu jenem höheren Wesen. Sie redete mit ihm, als wäre es im Raum anwesend. Ich habe herausgefunden: Sie glauben, daß ihr Gott überall sei, auch in den Herzen der Menschen. Mir scheint dies übrigens ein faszinierendes Organ zu sein und außerordentlich rätselhaft. Dann hielt die Pfarrerin eine sehr vernünftige Ansprache an die Anwesenden. Die Erdbewohner verhielten sich dabei wie wir Vulkanier bei solchen Gelegenheiten: rational und gesittet. Darum erstaunte es mich, als meine Gastgeberin mir später erzählte, die Ansprache habe sie emotional angerührt. Merkwürdig, diese Erdbewohner. Von einem gewissen Elia in der Wüste war da die Rede. Er bekam mit Hilfe Gottes, den man eigentlich nicht sehen kann, zu Essen und zu Trinken.
Nun, essen und trinken müssen Menschen auch, so wie wir. Ihr Körper bekäme sonst keine Energie. Aber irgendwie verbinden sie mit Essen und Trinken mehr. Essen sei ein Genuß, was auch immer das bedeutet. Das scheint wieder etwas mit Gefühlen zu tun zu haben. Plötzlich forderte die Pfarrerin die Anwesenden auf, ihre Herzen in die Höhe zu heben. Sogleich antworteten diese, noch dazu singend, daß sie sie zum Herrn erheben würden, womit sie wohl ihren Gott meinen.

2. Szene

Spock: Sie werden das doch wohl nicht wirklich tun!
Gastgeberin: Was meinen Sie?
Spock: Ihre Herzen Gott übergeben. Es würde mich zwar nicht unbedingt schockieren. Aber es würde mich schon etwas stören, nur unter ästhetischen Gesichtspunkten selbstverständlich.
Gastgeberin: Ich verstehe Sie nicht.
Spock: Ich hatte gedacht, daß Ihr Kult unblutiger sei als der der Azteken.

Konfi 1: Wer sind denn die Azteken?

Konfi 2: Sind das nicht außerirdische Killerroboter aus 'nem Horrorfilm?

Spock: Ihr scheint Eure Bildung wohl hauptsächlich aus dem Fernsehen zu beziehen. Die Azteken waren Indianer in Mittelamerika. Sie haben Menschen bei lebendigem Leib die Herzen herausgerissen und sie ihren Göttern geopfert.

Konfi 1: Das ist ja geiler als 'n Horrorfilm!

Mann: Was für Ausdrücke! Könnt Ihr nicht mal reden wie anständige Leute?

Frau: Am besten, Ihr redet überhaupt nicht. Schließlich sind wir in der Kirche.

Gastgeberin: Also, das mit den Herzen ist doch nur symbolisch gemeint. Mit unseren Herzen fühlen wir.

Spock: Das Herz ist doch nichts anderes als eine Blutpumpe. Das habe ich genau nachgemessen.

Gastgeberin: Ja, kennen Sie denn keine Empfindungen? Wenn man sich freut oder auch traurig ist.

Spock: Nun, sagen wir mal: Da, wo ich herkomme, herrscht die Vernunft.

Gastgeberin: Sie sind wirklich ein merkwürdiger Mensch.

Frau: Das kann man wohl sagen! Sie stellen Fragen, als kämen Sie vom Mars.

Spock: Da liegen Sie gar nicht mal so falsch.

Mann: Unverschämter Kerl, Sie! Treiben Sie Ihre Scherze woanders, aber nicht in der Kirche.

Spock: Ich beliebe keine Scherze zu treiben. Ich möchte verstehen.

Konfi 1: Ich eigentlich auch. So genau hat mir das noch keiner erklärt.

Konfi 2: Na, weil Du im Konfiunterricht auch nie zuhörst.

Gastgeberin: Eigentlich ist es ganz einfach: Wenn wir beten, dann sind wir innerlich bei Gott oder Gott ist in uns.

Spock: Und wie äußerst sich das?

Gastgeberin: Äußern? Eigentlich kann man das nicht so genau sehen. Darum helfen uns die symbolischen Handlungen, das Singen, das gemeinsame Beten und eben das Abendmahl. Es ist ein gutes Gefühl, Gott nahe zu sein. Das hilft uns im Alltag.

Spock vor dem Ältestenrat:
Nach einigen Beschwörungsformeln an das höhere Wesen zitierte die Pfarrerin Worte des Jesus Christus. In der Nacht bevor er an seine Henker verraten wurde, nahm er während des Abendessens Brot und gab es seinen Anhängern. Das sei sein Leib, der für sie gegeben wird, und dadurch würden ihnen ihre Sünden vergeben. So etwas ähnliches sagte er auch, als er ihnen eine Flüssigkeit zu trinken gab, die die Menschen Wein nennen. Der Wein sei sein Blut.

142

3. Szene

Spock nimmt ein elektronisches Gerät. Hier könnte man einfach einen Walkman oder kleinen CD-Player benutzen. Er hält das Gerät von sich weggestreckt nach vorn.

Konfi 1: Hey, guck mal, der hat 'nen Walkman dabei.

Konfi 2: Mensch, der Typ ist Spitze.

Konfi 1: Aber so einen Walkman habe ich noch nie gesehen. Ist das ein neues Modell?

Mann: Ruhe! Ich werde mich über euch beschweren.

Gastgeberin: Was machen Sie denn da, Herr Spock?

Spock: (steckt das Gerät weg) Ich habe nur ein paar Messungen vorgenommen. Ich wollte wissen, was da vorn auf dem Teller und in dem Becher ist.

Frau: Sie stellen wirklich dämliche Fragen. Das sind Brot und Wein natürlich.

Spock: Sagte die Pfarrerin nicht, daß das der Leib dieses Christus sei und sein Blut?

Gastgeberin: Aber das ist doch auch wieder nur symbolisch gemeint.

Spock: Ich dachte schon, Sie wären Kannibalen.

Konfi 1: Kanni ... was?

Konfi 2: Menschenfresser, du Blödmann!

Gastgeberin: Kannibalen! Um Gottes Willen – nein. Das ist normales Brot; oder sagen wir mal so eine Art Papierbrot. Oblaten. Und in dem Kelch ist Weißwein.

Spock: Und wozu ißt man langweiliges Papierbrot und diesen Wein? Ich habe gehört, daß Wein eine Droge ist, an der man sich berauschen kann und seinen Verstand verliert.

Konfi 1: Sind Sie Antialkoholiker, oder was?

Konfi 2: Bei dem bißchen, was wir beim Abendmahl kriegen, wird man doch nicht besoffen.

Gastgeberin: Wie soll ich das erklären?

Konfi 1: Jetzt bin ich mal gespannt.

Konfi 2: Hab noch nie so viel im Gottesdienst geschwätzt wie heute. Und ich glaube, die Pfarrerin findet das sogar mal ganz gut, wenn wir es ihr später erzählen.

Gastgeberin: Wenn wir das Brot und den Wein zu uns nehmen, dann ist das, als ob wir Christus zu uns nähmen. Symbolisch natürlich. Die Zeichen helfen uns zu spüren, daß Gott für uns da ist. Und wenn wir in einem Halbkreis vor dem Altar stehen, dann merke ich, daß wir eine Gemeinschaft sind, auch wenn's manchmal Streit gibt *(wirft einen deutlichen Blick auf Mann und Frau).* Ja, das gemeinsame Essen und Trinken kann bewirken, daß unsere schlechten Gefühle in gute umgewandelt werden.

Konfi 1: Geben wir deshalb vorher immer allen Leuten um uns herum die Hand?

Konfi 2: Das ist doch der Friedensgruß. Den find ich auch immer toll. Dann werden sogar die Erwachsenen mal so richtig locker.

Gastgeberin: Ja, dafür ist der Friedensgruß auch da.

Spock: Meine Geräte zeigen aber nichts an. Außer den 35 Menschen hier ist niemand da.

Mann: Was haben Sie nur mit Ihren Geräten? Man kann doch Gott nicht messen.

Spock: Man kann alles messen.

Gastgeberin: Nein, Herr Spock. Gottes Gegenwart im Abendmahl kann man nicht messen und seine Liebe auch nicht.

Spock: Sie verwirren mich.

Frau: Das tun Sie mit uns schon die ganze Zeit. Diese ganze Fragerei! Aber ich muß ja zugeben: Schlecht ist das nicht, wenn man mal genauer drüber nachdenkt.

Gastgeberin: Wissen Sie, ich stelle mir das so vor, daß wir beim Abendmahl die Ewigkeit berühren.

Spock: Sie meinen eine Überschneidung zweier Universen.

Konfi 1: Klingt ja wie im Science-fiction-Film.

Konfi 2: Klar, wie im Raumschiff Enterprise.

Gastgeberin: Wie Sie das formulieren, klingt das schon ein bißchen komisch. Ich meine: Im Abendmahl spüren wir, daß Gott bei uns ist, ganz einfach. Und das tut gut zu wissen, daß wir nicht allein auf der Welt sind.

Spock: Faszinierend, wenn auch völlig irrational. Wie kommt es, daß Sie so ruhig und gefaßt bleiben, wo doch Gefühle bei Ihnen eine solch große Rolle spielen?

Konfi 1: Also von mir aus könnte es bei unseren Abendmahlsgottesdiensten ruhig ein bißchen heftiger zugehen.

Konfi 2: Da habe ich neulich was im Fernsehen gesehen. So'n Gottesdienst in Amerika mit total fetziger Musik und so. Bei denen ging echt die Post ab.

Gastgeberin: Manchmal haben wir auch Gottesdienste, wo es lockerer zugeht, so mit moderner Musik. Aber ehrlich gesagt – jeden Sonntag will ich das auch nicht haben. Und schon gar nicht mag ich es, wenn ich manipuliert werde.

Konfi 1: Was ist das? Manipuliert?

Konfi 2: Na, wenn Du ferngesteuert wirst und Deinen Verstand verlierst.

Konfi 1: So wir auf 'ner Exstasy-Party?

Gastgeberin: So ungefähr. Aber ich mag das, wie wir das Abendmahl feiern. Unser Alltag ist oft so hektisch. Da tut es mir gut, hier zur Ruhe zu kommen.

Spock vor dem Ältestenrat:

Ich muß sagen, mir gefiel ebenfalls die verhaltene Art, mit der die Menschen in diesem Gottesdienst ihrem Gott nahekamen. Da war etwas – ja, aber was? In einigen Gebeten hieß es, daß die Menschen sich wünschen, die Liebe des Jesus Christus in sich zu spüren. Und wenn sie das letzte

Abendessen, das dieser mit seinen Anhängern hatte, symbolisch wieder-
holen, dann strömt die Liebe irgendwie in die Menschen hinein. Sie
bekommen Kraft, falsches Verhalten zu ändern und sich freundlich zu
benehmen. Das alles, verehrte Ältesten, ist qualitativ etwas anderes als
unser vernünftiges Verhalten. So vulkanierhaft ruhig dieser Abendmahlsgottesdienst auch verlief, ich spürte, daß die Menschen von der Liebe
ihres Gottes angerührt waren. Sagte ich gerade: ich spürte? Nun ... eh ...,
ich wollte sagen: beobachtete. Vielleicht bin ich etwas übermüdet. Oder
haben mich etwa die Menschen mit Ihrer Neigung, Gefühle zu empfinden, angesteckt? Verehrte Älteste, ich bitte Sie, mich möglichst bald wieder auf die Erde zu senden. Mir scheint, daß es da noch einigen For-
schungsbedarf gibt. Und außerdem, nun ja, meine Gastgeberin war außerordentlich zuvorkommend ... es wäre sicher interessant, weiter mit ihr in
Kontakt zu bleiben.

Soweit der Bericht des Vulkaniers Spock. Liebe Gemeinde, wenn wir
miteinander Abendmahl feiern, dann rührt Gott uns an. Sehr verhalten
und leise manchmal; aber liebevoll und heilend. Darum mag ich unsere
Art der Mahlfeier, auch wenn sie oft als zu nüchtern und sachlich
kritisiert wird. Gottes Liebe findet ihren Weg – gerade auch im Unspekta-
kulären.

Am Tisch

Sigrid Lunde

Am Tisch –
das haben wir alle schon erfahren – kommt man sich näher. Tische – Teras-
sen-, Balkon-, Ferientische – laden gerade in diesen Sommerwochen wun-
derbar ein, sich zu begegnen. Der Tisch bringt die um ihn Versammelten
freundlich so zueinander, daß er sie zugleich ein Stück voneinander fern-
hält. Der Tisch fordert auf, sich um ihn herum zu setzen, sorgt für eine
unaufdringliche Angleichung. Nur als Schreibtisch isoliert er, als unser nor-
maler Tisch lädt er ein zum Essen, Trinken, zum Spielen und Reden. Viel-
seitig und abwechslungsreich wird das Leben, wenn wir es häufig um den
Tisch herum wahrnehmen. Wir schöpfen an ihm Lebensfülle, Gefühle des
Glücks und des Wohlbefindens, beteiligen uns am immer offenen Gespräch über Gott und die Welt, über Erziehung und Regierung, über das,
was uns fehlt und das, war wir empfangen haben. Nur, was wir mitteilen,
geht nicht verloren.

Jeder Tisch – darüber lohnt es sich im Zeitalter der anwachsenden Einper-sonenhaushalte bei gleichzeitiger Wohnungsnot nachzudenken, hat mehr als eine und mehr als zwei Seiten. Jeder Tisch weist stumm darauf hin, daß auf Dauer allein zu sein eine mangelhafte Besetzung ist. Der Tisch mag Gäste, Junge, Alte, Freunde und Fremde. Er schließt, so viel an ihm liegt, niemanden aus. Und jede Mahlzeit am Tisch will auch ein wenig Emmaus-Mahl werden, über dem Leidgeprüften die Augen aufgehen, daß sie nicht allein gelassen sind in ihren zerschlagenen Hoffnungen. Und jede Mahlzeit am Tisch will ein wenig im Vorschein stehen jenes Mahles, wo »viele von Osten und von Westen kommen und mit Abraham und Isaak und Jakob im Himmelreich zu Tisch liegen werden« (Mt. 8,11).

Fragen einer zum Mahl Geladenen

Christine Knoll

in Brot und Wein gibst Du Dich uns zu schmecken

wir gedenken Deiner
wir gedenken Deines Lebens
wir gedenken der Hingabe Deines Lebens
wie gedenken des letzten Mahls
mit Deinen Freunden

gedenken wir auch derer
die das Brot gebacken haben
gedenken wir auch derer
die den Wein gekeltert haben
gedenken wir derer
die den Tisch gedeckt
und das Mahl bereitet haben

wo sind sie
die Frauen
die mit Hingabe Dir dienten
wo sind sie in unserem Gedenken

Brot und Wein
hören wir
Dein Leib und Dein Blut

146

für uns gegeben
für uns vergossen
verwandelt
zu glauben
von Dir gesprochen
Worte der Schrift
in Jahrhunderten ausgeformt
zum Sakrament
zum Meßopfer
zum Abendmahl
zum Dankopfer
zum Mahl für Sünder
zum Mahl der Gemeinschaft
zum Mahl der Trennung

von Männern der Kirche

und wo sind die Frauen
die ihre eigenen Erfahrungen machen
mit ihrem Leib
mit ihrem Blut
mit dem Wunder neuen Lebens
mit den Schmerzen der Geburt
mit Verwandlung von Leib
in Nahrung
wo sind sie

eingeladen zum Mahl
einszuwerden
neuzuwerden
in Deinem Mahl
ja
aber Männer und Frauen
ein neues Gedächtnis
erneute Verwandlung

(In: Wir Frauen und das Herrenmahl. Hrsg. von der Frauenarbeit der Ev. Landeskirche in Württemberg, Stuttgart 1996)

Abendmahlserzählung

Traugott J. Simon

Das Kreuz
ist wie ein Stein im Weg,
ein Stein des Anstoßes.
Warum schauen wir auf das Kreuz
und sehen in ihm die Mitte unseres Glaubens?
Warum kann das Kreuz für uns
ein Lebenszeichen sein?

Wir gedenken an Jesus.
Er hat das Kreuz angenommen, bejaht.
Er hat das Leiden nicht ausgeklammert.
Sondern er hat – noch im Abschied –
neue Gemeinschaft gestiftet.

Er nahm in der Nacht des Verrats,
der Angst und des Leidens

DAS BROT,
dankte Gott und gab es den Seinen
mit den Worten:
Nehmt, eßt – mein Leib, für euch.
Mein Gedächtnis soll unter euch bleiben.

Und weil er wußte,
daß der Kelch nicht an ihm vorüberging,
nahm er den BECHER WEIN,
dankte Gott und gab ihn den Seinen
mit den Worten:
Nehmt, trinkt – mein Blut, für euch.
Mein Gedächtnis sollt ihr feiern.

So sind Brot und Wein
Zeichen der Gemeinschaft, die bleibt
über Trennung und Tod hinaus.
So ist das Kreuz
Mahnmal des Todes und Zeichen des Lebens.
So wird aus einem Stein des Anstoßes
der Wegweiser zum Leben, zur Hoffnung.

Geheimnis des Glaubens:
Im Tod ist das Leben.

In diesem Brot, das wir essen,
können wir begreifen,
daß wir in Jesus verbunden sind
zur Gemeinde,
zum gemeinsamen Dienst an den Menschen,
trotz allem, was uns trennt.

In diesem Wein, den wir trinken,
können wir begreifen,
daß Jesus unsere Freude ist,
jetzt und wenn wir sterben,
trotz allem, was uns Angst macht und bedrückt.

Wir glauben:
Unser Herr kommt.

Wir bitten gemeinsam:
Ja, komm, Herr Jesus!

Darum sprechen wir miteinander
Jesu Gebet: Vater unser ...

Meditation zum Abendmahl

Karl Heinz Backofen

Jesus
an einem Tisch
mit dem, der
ihn verriet,
an einem Tisch
mit dem, der
ihn verleugnete,
an einem Tisch,
mit mir,
an einem Tisch
mit denen,
mit denen ich
an einem Tisch
nicht sitzen möchte.

Jesus
unter Olivenbäumen
ein Schrei:
Nein!
Nicht jetzt,
nicht so sterben!
Dann griffen
feindliche Hände
nach ihm.
Gott
griff nach ihm.

Jesus
am Kreuz
ein Schrei:
Warum
hast du mich
verlassen?
Mein Gott
– auch jetzt
mein Gott.

Jesus:
Ich und der Vater
sind eins –
in der Wüste,
am See,
mit Kranken,
mit Schuldigen,
mit Freunden,
mit Feinden,
vor Richtern –
und jetzt
im Tod.

Jesus –
wer bin ich
vor dir?
Was tust du
mir an?
Wer immer mir
einen Platz verweigert
an seinem Tisch:
Du nicht.
Darum:
Ich an deinem Tisch.

Wer in der Liebe bleibt

Kanon

Okko Herlyn

Wer in der Lie - be bleibt, der bleibt in Gott und Gott in ihm.

Text: 1. Joh 4,16
Musik: Okko Herlyn

Liturgische Texte

Abendmahlsliturgie nach der Lima-Liturgie

Hanne Köhler

Bearbeitet nach der Liturgie der Ev. Kirchengemeinde in Hochheim/Main.

Liturg/in (Lit.): Gepriesen seist du, Gott, du Kraft des Lebens.
Du schenkst uns dieses Brot,
die Frucht der Erde und der menschlichen Arbeit.
Laß es zum Brot des Lebens werden.

Gemeinde: (Gem.) Gepriesen sei Gott in Ewigkeit.

Lit.: Du schenkst uns diesen Saft,
die Frucht des Weinstocks und der menschlichen Arbeit.
Laß ihn zum Kelch des Heils werden.

Gem.: Gepriesen sei Gott in Ewigkeit.

Lit.: Wie die Körner von den Feldern und die Beeren
von den Weinbergen jetzt auf diesem Tisch
vereint sind in Brot und Saft (Wein),
so laß dein Volk bald versammelt werden
von den Enden der Erde in deinem Reich.

Gem.: Komm, Jesus Christus

Lit.: Friede sei mit euch.

Gem.: Und mit deinem Geist.

Lit.: Erhebet eure Herzen.

Gem.: Wir erheben sie zu Gott.

Lit.: Laßt uns Gott danksagen.

Gem.: Das ist würdig und recht.

Lit.: Ja, es ist würdig und recht, dich zu preisen
und dir immer und überall zu danken.
Durch dein lebendiges Wort hast du alles erschaffen
und für gut befunden.
Du hast die Menschen nach deinem Bilde geschaffen,
daß sie an deinem Leben teilhaben
und deinen Glanz widerspiegeln.
Als die Zeit erfüllt war, gabst du uns Christus
als den Weg, die Wahrheit und das Leben.
Darum, Gott, verkündigen wir mit allen Engeln
und Heiligen
und singen mit ihnen das Lob deiner Wunder.

Gem.: Sanctus-Lied

Du bist heilig

1.
Du bist hei - lig du bist Heil, bist die Fül - le wir ein Teil
der Ge - schich - te, die du webst, Gott, wir
dan - ken dir, du lebst mit - ten un - ter uns im Geist,
der Le - ben - dig - keit ver - heißt, kommst zu
uns in Brot und Wein, schenkst uns dei - ne Lie - be ein.

2.
Du bist hei - lig, du bist hei - lig, du bist
hei - lig. Al - le Welt schau - e auf dich. Hal le
lu ja Hal le lu ja Hal le lu ja
Hal le lu ja für dich! Du bist

T. + M.: Per Harling, Schweden. Dt. Übertragung: Fritz Baltruweit.
Textrechte: beim Autor, Musikrechte: beim Autor, Rechte für die Übersetzung:
tvd-Verlag, Düsseldorf

Lit.:	Gott, du Kraft des Lebens, du bist heilig,
	und dein Ruhm kennt keine Grenzen. Sende herab
	deine lebensspendende Kraft des Geistes,
	daß dieses Brot und dieser Saft
	für uns zum Leib und Blut Christi werden.
Gem.:	Komm, du Geist des Lebens.
Lit.:	Erfülle uns mit deinem Frieden.
	wenn wir nun tun, was Jesus Christus geboten hat:
Alle:	In der Nacht, in der Jesus verraten wurde,
	nahm Jesus das Brot, sprach das Dankgebet,
	brach das Brot, gab es ihnen und sprach:
	Nehmt hin und eßt; das ist mein Leib, der für euch
	gegeben wird. Solches tut zu meinem Gedächtnis.
	Desgleichen nahm Jesus nach dem Mahl den Kelch,
	sprach das Dankgebet, gab ihnen den Kelch und sprach:
	Nehmt hin und trinkt alle daraus;
	dieser Kelch ist das neue Testament in meinem Blut,
	das vergossen wird für viele.
	Solches tut, so oft ihr's trinkt, zu meinem Gedächtnis.

Hinführung zum Abendmahl
zu Beginn oder in der Passionszeit

Rainer Heimburger

Für dich

»Für dich!«, sagt unser kleiner Sohn und hält mir ein Bild hin. »Hab ich für dich gemalt.« Er freut sich, mir ein Geschenk machen zu können und ist gespannt, was ich dazu sage.

»Für dich!«, steht auf dem Kärtchen, das an dem bunten Päckchen lehnt. Nur zwei Worte, aber ich spüre, da steht mehr dahinter: »Für dich, deine ... Für dich, weil ich dir eine Freude machen will; weil ich dich liebe.«

»Für dich!« – Zwei kurze wohltuende Worte, die mir sagen: Ich bedeute jemandem etwas. Da will mir einer etwas Gutes tun.

»Für dich!« Diese zwei Worte hören wir jetzt gleich beim Abendmahl. Wir stehen im Kreis um den Altar. Ein Stück Brot wird uns gereicht mit den Worten: »Christi Leib, für dich gegeben.«

Wir geben einander den Kelch mit den Worten »Christi Blut, für dich vergossen.«

Diese Worte erinnern uns an den Weg Christi in das Leiden. Es ist ein Weg für uns, für dich und mich; mir und dir zugut. Ein Weg, der uns die ganze Zuneigung und Liebe Jesu für uns vor Augen führt.
»... für dich gegeben.« – »... für dich vergossen« – ganz persönliche Worte, die uns zum Abendmahl einladen.

Eingangsgebet

Wolfram Braselmann

Herr, unser Gott, mit dem, was wir mitgebracht, mit dem, was wir erfahren haben, sind wir vor Dir zusammen mit Gedanken an das Gelingen unserer Arbeit, mit Gedanken an das, was nicht gelungen ist, mit den Hoffnungen, die wir uns bewahrt haben, mit den Sorgen, die uns umtreiben, mit all den Erwartungen, die uns bedrängen, mit Dankbarkeit, die uns zuteil wurde, mit dem Glück, das uns geschenkt wurde und mit Erinnerungen an manch Vergebliches, mit Enttäuschungen und mit Zuversicht, die uns trägt. So sind wir vor Dir zusammen, und wissen: Du sprichst zu uns in Deinem Wort, Du gibst Dich uns in Deinem Mahl und das ist genug. Amen.

Beichte

Karl Heinz Backofen

Beichte ist ein Dialog. Das erste Wort hat Gott. Er segnet zur Wahrheit. Er ermutigt zur Wahrheit. Darauf kann der Mensch antworten mit dem Confiteor. Er kann fühlen, denken, wissen, sagen, was er nicht wahrhaben will, was er vermeidet, verdrängt und verschweigen möchte: vor sich selbst, vor anderen, vor Gott. Er kann sich zu sich selbst bekennen, zu seiner Wirklichkeit: Schuld, Unrecht, Elend inbegriffen. Gott hat das letzte Wort. Er sagt zu, daß der Mensch leben darf und leben kann mit seiner Schuld, mit seinem Unrecht, mit seinem Elend. Gott will mit ihm ›leben‹. Dieser Dialog kann den Menschen öffnen für das Hören des Evangeliums in den Evangelien und den anderen Schriften der Bibel und für das Bekenntnis zu Gott. Er kann den Menschen öffnen für den Empfang des Sakraments, für die Feier des Abendmahls.

Segen

Mein Gott! Ich darf sein, wie ich wirklich bin. Ich muß nicht sein, wie ich gern wäre. Ich muß nicht sein, wie andere mich gern hätten. Ich muß nicht verleugnen, wie ich wirklich bin, denn Jesus sagt: »Die Wahrheit wird euch freimachen.«

Confiteor

Ich habe andere gekränkt und verletzt und ich bin selbst gekränkt und verletzt.
Ich habe anderen Unrecht getan und leide, daß mir Unrecht geschieht.
Ich mache andere bitter gegen mich und bin bitter gegen andere.
Ich klage über andere und fühle mich verklagt.
Ich mißtraue anderen und leide, daß andere mir mißtrauen.

Was ich fühle, denke und tu, trifft dich – denn die anderen sind deine Geschöpfe wie ich dein Geschöpf bin.
Mißtrauen, Klage und Bitterkeit treffen dich Gott.
Davon komme ich nicht aus eigener Kraft und mit gutem Willen allein los.
Darum bitte ich dich: Erbarme dich meiner.

Absolution

Jesus sagt – und durch ihn sagt es Gott: »Ich lebe und du sollst auch leben«. »Ich gebe dir meinen Frieden. Ich gebe ihn nicht wie die Welt Frieden gibt – wenn du Bedingungen erfüllst – dein Herz erschrecke nicht!«

Bekenntnis der Schuld

Bekenntnis der Schuld
mit Lied: Bleibet hier und wachet mit mir,
EG 789,2 Kurhessen/Waldeck   *Traugott J. Simon*

Wir legen den Tag ab
mit seinen Mühen und Freuden,
mit den Worten, die wir sagten und hörten,
mit den Wegen, die wir gingen.

Wir tauchen ein
in die Stille des Abends,
suchen Ruhe, die uns aufnimmt
wie ein Freund seine Arme um einen legt.

Wir wollen Einkehr halten,
uns sammeln –
und schweigen:

Stille

Musik: Bleibet hier ...

Noch sind nicht alle Lasten abgefallen,
noch ist nicht alles Schöne verklungen in uns ...

Und wir hören einen Ruf, eine Bitte,
dazubleiben mit unseren Gedanken,
zu bleiben, zu wachen, zu beten:

Lied: Bleibet hier ... (1 x vorgesungen)

Bleiben, wachen, beten
mit Jesus
auf seinem Weg
in den Abend,
in die Nacht,
vor seiner Hingabe ins Leiden.

Noch einmal mit ihm feiern,
Abschied nehmen von dem, was war,
und die Kräfte stärken
bei gemeinsamem Mahl.

Er bittet uns,
wir bitten einander:

Lied: Bleibet hier ... (2 x gesungen)

Auf dem Weg mit Jesus
in ungewisses Dunkel
sehen wir auch Dunkelheit und Schatten
in uns selbst:
Last, die nicht weicht;
Sorge, die sich in uns frißt;
Schuld, die wir haben.

Wir werden still
und bringen vor Gott,
was uns drückt,
was wir bereuen:

Stille

Jesus spricht uns an
trotz unserer Schuld.

Er nimmt uns an,
will bei uns sein
und wartet darauf, daß wir bleiben.

Vielleicht stimmen wir mit ein
in die Bitte und singen sie mit:

Lied: Bleibet hier ... (mehrmals gesungen)
oder:
Nimm weg, Gott,
was uns trennt –
von dir
und voneinander.
Vergib uns
Trägheit und Schuld.
Wir halten uns an dich,
Christus, Erlöser.
Amen.

Verbinden wir uns
mit der gemeinsam gesungenen Bitte,
zu bleiben, zu wachen, zu beten:

Lied: Bleibet hier ... (mehrmals gesungen)

Kein Dunkel ist zu finster,
keine Schuld zu groß,
keine Last zu schwer:
Christus trägt sie und uns.
Und wir können erleichtert singen:

Lied: Bleibet hier ...

Gebet zum Abendmahl
mit einem sterbenden Menschen

Karl Heinz Backofen

O Gott!
Wir spüren das Leben in unserer Angst und im Schmerz.
Wir atmen und wissen nicht, wie oft wir noch Luft einziehen können.
Wir spüren den Puls und wissen nicht, wie oft das Herz noch schlägt.

Sei uns jetzt nahe, Gott, denn um Nähe ist uns bange.
Laß uns deine Nähe leibhaftig spüren, solange wir noch mit unseren Sinnen Nähe spüren können.
Deine Nähe spüren mit den Lippen und der Zunge: in Brot und Wein.

Nimm hin und iß.
Nimm hin und trink.
Gottes Liebe schmecken.
So nah war Gott Jesus – so nah ist Gott dir.
So nah wird er dir sein
nach dem letzten Hauch,
nach dem letzten Schlag deines Herzens.

Frieden mit Dir – Frieden mit mir – Frieden mit uns. Amen

Zur Beichte

Wolfgang Herrmann

Als Jesus gefragt wurde,
was denn das wichtigste Gebot ist,
antwortete er:
Du sollst Gott, deinen Herrn, lieben:
von ganzem Herzen, mit ganzer Seele, mit all deiner Kraft.
Und deinen Nächsten wie dich selbst.
Denn Gott ist Liebe,
und wer in der Liebe bleibt, der bleibt in Gott.
Und Gott in ihm.
An Gott und unseren Mitmenschen aber
werden wir schuldig.
Täglich versündigen wir uns an ihnen.
Wenn Ihr das auch so seht und bekennt,
und wenn Ihr Vergebung um Christi willen begehrt,
so sprecht: Ja, mit Gottes Hilfe!
- - -
Gottes unerschöpfliche Barmherzigkeit heilt eure Herzen.
Im Auftrag unseres Herrn, Jesus Christus,
verkünde ich euch die Vergebung aller eurer Schuld –
im Namen des Vaters, des Sohnes und des Heiligen Geistes.
Der Friede des Herrn sei mit euch allen.
Euch geschehe, wie ihr glaubt.

Eucharistisches Kyrie und Gloria

Wolfgang Herrmann

In der Nacht des Abschieds,
in der Nacht, da er verraten wurde,
nahm Jesus das Brot,
dankte,
brach es und gab's seinen Jüngern.
Brot: Die Frucht der Erde.
Brot: Produkt menschlicher Arbeit.
Brot: Was wir zum Leben brauchen.
Wir haben Brot.
Wir haben Ernteüberschüsse.
Wir werfen fort.
Wir vernichten Überschüsse.
Millionen Menschen aber hungern,
vor allem die Kinder.

Der du das Brot des Lebens bist,
Herr, erbarme dich!

Nachdem sie gegessen hatten,
nahm Jesus den Kelch mit dem Wein,
dankte
und gab ihnen den.
Wein: Zeichen des Festes und der Freude.
Wein: Zeichen himmlischer Liebe.
Wein: Gottes Antwort auf unseren Durst
      nach Liebe, nach Güte und Verstehen.

So singen wir mit den Engeln:
Ehre sei Gott in der Höhe!

Präfation

Karl Heinz Backofen

Versammelt an seinem Tisch: Wir, die Gemeinde.
Brot liegt bereit, Wein füllt den Kelch.
Wir denken an Jesus Christus. Er glaubte Gott sein Leben. Darum glaubte er ihm auch sein Sterben. In diesem Glauben lebte er, in diesem Glauben starb er.
Jesus hat seinen Glauben mit seinen Freunden geteilt. Er hat mit ihnen Glauben gefeiert in der letzten Nacht seines Lebens. Er will diesen Glauben auch mit uns feiern: heute in diesem Mahl.
So haben wir Teil an seinem Leben und an seinem Sterben.
Darum ist es wahrhaftig und heilsam, daß wir dir, Gott, danken und mit allen Wesen, die du geschaffen hast, einstimmen in den Hochgesang: ...

Gebet vor dem Mahl

Bernhard von Issendorff

Gott,
von Dir kommen alle Gaben des Lebens,
so komm zu uns in diesem Brot,
das gebrochen uns Zeichen Deines Todes ist:
Tod für uns zum Leben geben.
Gott,
von dir kommen alle Gaben des Lebens,
so komm zu uns in diesem Wein,
der gekeltert ist uns Zeichen Deiner Auferstehung:
Leben für uns aus dem Tod erstanden.
Gott,
von Dir kommen alle Aufgaben des Lebens,
so komm zu uns in dieser Gemeinde,
gebildet und geformt als Zeichen deines Lebens:
Gemeinde für uns aus der Vereinzelung gerufen.

Gebet über den Gaben

Hannes-Dietrich Kastner

Gott der Ewigkeit:
Was wir sind und was wir haben,
verdanken wir dir.
Du hast uns heute abermals den Tisch gedeckt mit Gaben,
die du uns schenktest.
Brot –
gebacken aus gemahlenem Korn.
Du schenktest dem Korn,
daß es reif wurde.
Nun will das Brot uns stärken,
das Brot,
nach dem die Elenden hungern.
Gib,
Gott in Ewigkeit,
daß uns die Fülle des Brotes
von den Hungernden nicht trenne,
sondern verbinde.
Segne den Tisch –
und segne das Brot.
Lied: EG 320,1–2 (Nun laßt uns Gott, dem Herren)
Gott in Ewigkeit,
die Kelche sind gefüllt.
Welch ein Reichtum!
Früchte, die reifen –
Jahr um Jahr.
Dazu:
die Fülle der Zeichen darin …
Darum – unser Dank jetzt:
für die Ruhe,
für das Fest,
für jede Befreiung
und für das große Bedürfnis aller Befreiten am Ende der Zeiten.
Gib uns Glauben und Verstehen,
daß wir den feinen Spuren der Ordnung Christi folgen können
und dabei zur Ganzheit finden.

Gebet über den Gaben und über der Gemeinde

Bernhard von Issendorff

Vater und Mutter, Herr und Diener des Lebens,
sieh an diese Brote,
sie sind uns der Leib Christi,
Brot der Befreiung aus Knechtschaft und Sünde.
Befreie uns durch Deine Vergebung.

Vater und Mutter, Herr und Diener des Lebens,
sieh an diesen Wein,
er ist uns der Kelch des Neuen Bundes,
Wein der Verheißung der Freude des Himmels.
Nimm uns hinein in deine Gnade.

Vater und Mutter, Herr und Diener des Lebens,
sieh an unsere Gemeinschaft,
sie ist schwach und zerbrechlich geworden,
Zeichen deines Reiches für alle Menschen.
Brich in unserer Mitte an mit deiner Liebe.

Zur Einsetzung

Arbeitsgruppe Gottesdienst

Vom Leib Jesu geht Leben aus,
bringt Frauen und Männern neues Leben.
Von seinem Wort geht Leben aus,
ruft zu neuem Leben.

Sein Weg ist ein Weg der Hingabe ans Leben.
Er geht seinen Weg zu Ende
und gibt am Ende sein Leben hin.

Wir erinnern uns:
wie er sein Leben teilte mit seinen Jüngerinnen und Jüngern.
Wir erinnern uns:
Jesus nahm das Brot in die Hände und teilte es aus
und ließ es so zum Brot des Lebens werden.
Jesus nahm auch Wein und teilte ihn aus.

Mit geteiltem Brot und ausgeschenktem Saft der Trauben
stärkte er die Jüngerinnen und Jünger
und sich selbst.

Aus: Tagung des Konvents Ev. Theologinnen in Württemberg, 1994 (Mk 5,21–43),
Redaktion von Christel Hildebrand
(In: Wir Frauen und das Herrenmahl. Herausgegeben von der Frauenarbeit der
Ev. Landeskirche in Württemberg 1996, Stuttgart)

Brot und Wein

Bernhard von Issendorff

Dieses Brot zu essen,
schmeckt nach deinem Tod:
Gott im Leiden,
gebrochen, zerbrochen.
Doch wer dieses Brot aß
ist gestärkt zum neuen Leben:
Gott im Leben,
auferweckt, auferstanden.

Diesen Kelch zu trinken,
schmeckt nach deinem Leiden:
Gott im Sterben,
blutig geschlagen, verblutet.
Doch wer diesen Wein trank,
hat gekostet die Ewigkeit:
Gott im Kommen,
aufgefahren gen Himmel und bereit zum Gericht.

Zu den Einsetzungsworten

Wolfgang Herrmann

In der Nacht, als Jesus verraten wurde,
nahm er das Brot, sprach das Dankgebet,
zerbrach es und gab's seinen Freunden.

Es geschah nachts.
Die Nacht, in der ein Mensch verraten wird.
Diese Nacht heißt Einsamkeit.
Diese Nacht heißt Niederlage, Folter und Tod.

Er nahm das Brot.
Wir leben vom Brot. Brot ist Arbeit, – viel Arbeit.
Brot, – das sind die Menschenrechte:
Freiheit, Würde der Menschen, ihr Recht auf Glück.
Gottes Liebe ist Brot für die Welt.

Er brach das Brot.
Wenn das Brot nicht zerbrochen wird,
kann es nicht geteilt werden – für alle.
Jesus selbst wird zerbrochen, hingerichtet, zerstört.
Zerbrochene Herzen aber
sind die Samen des Gottesreiches.

Er gab es ihnen.
Gott erreicht uns, denn die Hingabe ist grenzenlos.
Jesus denkt an den Körper, seine Bedürfnisse und Freuden.
Er stillt den Hunger und heilt die Wunden.
Gottes Liebe, Brot für die Welt, ist eßbar.

Er gab ihnen das Brot und sprach:
Nehmt hin und eßt. Das ist mein Leib,
der für euch hingegeben wird.
Das tut zu meinem Gedächtnis.

Nehmt hin.
Das heißt: Wir müssen es auch tun.
Wir können die Herzen, die Fäuste öffnen,
können unsere leeren Hände ausstrecken
und Liebe empfangen.
Das tun wir voller Freude;
denn anders bleiben wir leer.

Ebenso nahm er auch den Kelch nach dem Mahl,
sprach das Dankgebet und gab ihnen den.

Er gab ihnen den Kelch.
Er ist die Antwort auf unseren Durst, –
dem Durst nach Leben, nach Güte, nach Verständnis.
Quellen springen auf,
und die Wüsten des Lebens beginnen zu blühen.
In den steinigen Weinbergen Gottes
reift der Wein heran und wird geerntet.

Die Trauben werden gepreßt und müssen nun gären.
So vollzieht sich das Wunder der Verwandlung, –
und so geschieht es an uns.
Jesus spricht das Dankgebet.
Er sieht ab von sich selbst und gibt einem anderen Raum.
In der Nacht des Verrates bleibt er dankbar
und lobt Gott.
In der Stunde des Abschieds gibt es keine bösen Worte.
Jesus spricht das Dankgebet.
Und sagt: Nehmt hin und trinkt alle daraus.
Dieser Kelch ist das neue Testament in meinem Blut,
das für euch vergossen wird zu Vergebung der Sünden.
Das tut, so oft ihr's trinkt, zu meinem Gedächtnis.
Für uns vergossen – zu seinem Gedächtnis.
Wir tragen die Erinnerung an diese Nacht unauslöschlich in uns.
In der Tiefe unseres Wesens sind wir berührt
vom Strom des Lebens.
Alle dürfen trinken.
Alle erreicht Gottes Liebe:
Vergebung und Friede des Herzens.
Wir werden verwandelt und gehen vorwärts –
aus dem Vorläufigen ins Ungeahnte,
in das Licht, das ER selber ist.

Traugott J. Simon

Das Kreuz
ist wie ein Stein im Weg,
ein Stein des Anstoßes.
Warum schauen wir auf das Kreuz
und sehen in ihm die Mitte unseres Glaubens?
Warum kann das Kreuz für uns
ein Lebenszeichen sein?

Wir gedenken an Jesus.
Er hat das Kreuz angenommen, bejaht.
Er hat das Leiden nicht ausgeklammert.
Sondern er hat – noch im Abschied –
neue Gemeinschaft gestiftet.

Er nahm in der Nacht des Verrats,
der Angst und des Leidens

DAS BROT,
dankte Gott und gab es den Jüngern
mit den Worten:
Nehmt, eßt – mein Leib, für euch.
Mein Gedächtnis soll unter euch bleiben.

Und weil er wußte,
daß der Kelch nicht an ihm vorüberging,
nahm er den BECHER WEIN,
dankte Gott und gab ihn den Jüngern
mit den Worten:
Nehmt, trinkt – mein Blut für euch.
Mein Gedächtnis sollt ihr feiern.

So sind Brot und Wein
Zeichen der Gemeinschaft, die bleibt
über Trennung und Tod hinaus.
So ist das Kreuz
Mahnmal des Todes und Zeichen des Lebens.
So wird aus einem Stein des Anstoßes
der Wegweiser zum Leben, zur Hoffnung.

Geheimnis des Glaubens:
Im Tod ist das Leben.

In diesem Brot, das wir essen,
können wir begreifen,
daß wir in Jesus verbunden sind
zur Gemeinde,
zum gemeinsamen Dienst an den Menschen,
trotz allem, was uns trennt.

In diesem Wein, den wir trinken,
können wir begreifen,
daß Jesus unsere Freude ist,
jetzt und wenn wir sterben,
trotz allem, was uns Angst macht und bedrückt.

Wir glauben:
Gott kommt.

Wir bitten gemeinsam:
Ja, komm, Jesus!

Darum sprechen wir miteinander
Jesu Gebet: Vater unser ...

Einladung zum Abendmahl

Traugott J. Simon

Das festliche Mahl –
ein Höhepunkt im Grau des Alltags.
Das Leben findet im Fest seine Krönung,
in der Gemeinschaft des Essens und Trinkens,
in der Gemeinschaft aller Teilnehmenden,
in der Gemeinschaft mit Gott:
Gott ruft uns zum Mahl.

Wir sind geladen,
und es ist noch Raum da.

Es ist noch Raum da.
Gott will uns nichts nehmen,
was uns nicht tausendfach wiedergegeben wird.

Gott lädt uns ein zur Freude,
zur festlichen Krönung des Lebens.

Mitzubringen
brauchen wir nichts.
Gott stellt keine Bedingungen,

sondern freut sich,
wenn wir uns einladen lassen
frei und offen,
empfänglich für Gaben und Güte.

So kommt,
es ist alles bereit!

Günter Gottschämmer

Wir bereiten jetzt den Tisch mit Brot und Wein.
Es ist der Tisch der Freundschaft mit Jesus
und mit allen, die ihn lieben.
Es ist der Tisch der Verbundenheit mit den Armen der Welt:
Jesus verband sich mit ihnen.
Es ist der Tisch der Gemeinschaft mit unserer Welt,
in die Jesus hineingeboren wurde.

Kommt zu diesem Tisch.
Kommt:

Ihr, die ihr viel Glauben habt
und ihr, die ihr euch nach mehr Glauben sehnt.
Kommt:
Ihr, die ihr oft zum Abendmahl kommt und
ihr, die ihr schon lange nicht mehr gekommen seid.
Kommt:
Als Jüngerinnen und Jünger Jesu und
als Menschen, die sich ihm oft versagten.
Kommt.
Christus selbst lädt euch ein.
Er will euch begegnen.

nach der Liturgie der Iona-Kommunität, Übertragung d. d. Verf.

Eckhard Herrmann

Jesus Christus lädt uns ein an seinen Tisch –
so, wie wir sind:
jung und alt,
arm und reich,
mühselig und beladen,
zufrieden und fröhlich,
einheimisch und fremd.

Er ruft uns zu:
Kommt her zu mir alle, ich will euch erquicken.
Ich bin das Brot des Lebens:
wer zu mir kommt, der wird nicht hungern.
Und wer an mich glaubt, der wird nicht mehr durstig sein.

In seinem Namen sage ich euch:
Kommt, daß wir miteinander Abendmahl feiern.

Gebet nach dem Abendmahl

Eckhard Herrmann

Gott, wir danken dir,
daß wir an deinem Tisch miteinander feiern durften.
Im Brot und im Wein bist du uns nahegekommen.

Nun bitten wir dich:
begleite uns auf unserem Heimweg
und sei bei uns an den Tagen der neuen Woche.

Beschütze uns und segne uns.

Amen.

Berhard von Issendorff

Gott der Menschen,
wir danken Dir,
daß Du den Bund Deiner Gnade weit gemacht hast,
so daß Israel und die Völker zu Dir kommen können,
daß Du Dich nicht zu den Großen und Mächtigen gestellt hast,
sondern teilst Deine Liebe den Kleinen und Schwachen mit.

Gott Deiner Kirche,
wir danken Dir,
daß Du nicht zuerst auf die Leistung schaust,
so daß auch die Schwachen bei Dir geliebt sind,
daß Du Dich nicht auf die Seite des Erfolges gestellt hast,
sondern läßt die Scheiternden von Deiner Vergebung leben.

Gott unseres Herzens,
wir danken Dir,
daß Du nicht die Selbstbewußten allein stärkst,
so daß die Sicheren sicher und Unsicheren unsicher werden,
daß Du nicht den Zweifel verworfen hast,
sondern stärkst unser Herz, wenn es schwach wird.

Dank und Fürbitten

Karl Heinz Backofen

Wir haben dich gehört im Wort der Bibel. Wir haben Teil an deinem Mahl.
Wir erfahren leibhaftig, daß wir zueinander gehören und daß du uns nahe
bist.
Wir bitten für die Menschen, die uns das Herz schwermachen. Wir bitten
dich auch für die Menschen, denen wir das Herz schwer machen. Mach uns

alle versöhnlich: Damit wir nicht nur von deinem Frieden reden, sondern deinen Frieden wahr und glaubhaft machen.

Laß uns in den Alltag zurückkehren mit dem wachen Blick für die Menschen um uns.

Wir bitten dich für alle, die unter anderen Menschen leiden: unter Haß, Neid, Verfolgung, Gewalt, Terror, Folter und Mord.

Erbarme dich ihrer, wenn sie an ihrem Leben, wenn sie an deiner Liebe, an deiner Schöpfung irre werden.

Laß sie unter Schmerzen und Verzweiflung spüren, daß sie – gegen den schlimmen Augenschein – in deiner Hand sind.

Wir bitten dich für die Menschen, die hassen und Gewalt ausüben, die andere unterdrücken: Laß sie aufhören, als Feinde zu leben und im Haß zu leben.

Verändere sie durch dein Erbarmen und dein Vergeben.

Laß uns alle Deinen Frieden finden, der hinausführt aus Angst, Leid und Verzweiflung. Amen.

Fürbitten

Günter Gottschämmer

»Christus wohnt in uns« – das ist das Geheimnis des Mahles.
Aus diesem Geheimnis leben wir.
Aus seiner Kraft äußern wir uns:
in Wort und Tat, in Gebet und Arbeit.

Wir beten für die christlichen Kirchen der ganzen Welt,
insbesondere für die, die verfolgt werden.
Wir wissen uns ihnen verbunden.

Wir beten für die Völker und die Glaubensgemeinschaften,
aus denen wir hierher gekommen sind
und zu denen wir wieder zurückkehren.
Wir wissen uns verbunden.

Wir beten für Kranke, für Verfolgte, für Menschen ohne Arbeit, Wohnung, Heimat und für Asylbewerber in unseren Ländern:
Wir wissen uns ihnen verbunden.

»Christus wohnt in uns« – das ist das Geheimnis des Mahles.
Mit Christus verbunden beten wir:

Vater unser ...

Aus der Liturgie der Iona-Kommunität, Übertragung durch den Verf.

Die Autorinnen und Autoren

Pfarrerin Doris Agne, St. Ingbert; Pfarrer Karl Heinz Backofen, Soest; Pfarrer Wolfram Braselmann, Rehburg-Loccum; Prof. Dr. Karl-Fritz Daiber, Hannover; Pfarrer Heinz-Martin Dormann, Mering; Pfarrer Volker Johannes Fey, Osthofen; Pfarrer Günter Gottschämmer, Darmstadt; Pfarrer Berthold W. Haerter, CH Unterstammheim; Pfarrerin Ulrike Heimann, Düsseldorf; Pfarrer Rainer Heimburger, Murg; Pfarrer Helmut Herberg, Ulm; Prof. Dr. Okko Herlyn, Bochum; Pfarrer Eckhard Herrmann, Würzburg; Pfarrer Dr. Wolfgang Herrmann, Holzappel; Pfarrer Bernhard von Issendorff, Wiesbaden; Pfarrerin Doris-Joachim Storch, Worms; Pfarrer Hannes-Dietrich Kastner, Worms; Pfarrer Dr. Reinhard Kirste, Nachrodt-Wiblingwerde; Pfarrer Peter Klever, Hannover; Pfarrerin Christine Knoll, Herrenberg; Pfarrerin Hanne Köhler, Flörsheim; Pfarrerin Jutta Konowalczyk-Schlüter, Bremen; Pfarrerin Sigrid Lunde, Bad Kreuznach; Pfarrer Claus Marcus, Berlin; Pfarrer Dr. Jörg Rothermundt, Plüderhausen; Pfarrer Arno Schmitt, Mannheim; Pfarrer Fred Schneider-Mohr, St. Ingbert; Pfarrerin Ingrid Scholz, Kassel; Pfarrer Helmut Siegel, Hildesheim; Pfarrer Traugott J. Simon, Marburg; Pfarrer Günter Thomé, Essen; Pfarrer Hartmut Winde, Hamburg; Dekan i. R. Klaus Zillessen, Ettenheim

Diesseits von Eden

Feministische Gottesdienste.
Von Martina Gerlach, Mieke Korenhof u. a.
160 Seiten. Kt.
[3-579-02935-5]

Dieses Buch richtet sich an PfarrerInnen und
Ehrenamtliche, die eigentlich gerne Frauen-
gottesdienste planen und feiern möchten, aber
nicht so recht wissen wie. Angesprochen werden aber auch diejenigen, die bereits in der
Tradition von Frauengottesdiensten stehen
und vertiefendes Material benötigen. Es ist
konzipiert für Theologinnen und Laiinnen
und bietet Anregungen, Modelle und liturgische Bausteine für Gottesdienste, die sich ausdrücklich – wenn auch nicht ausschließlich –
an Frauen richten.

Gütersloher
Verlagshaus